财务与会计实验系列教材

企业模拟经营实战演练教程

Qiye Moni Jingying Shizhan Yanlian Jiaocheng

主　编　傅仕伟　邹　燕

副主编　刘海燕　张　冬　李　丽

西南财经大学出版社

SOUTHWESTERN UNIVERSITY OF FINANCE & ECONOMICS PRESS

序　言

随着市场竞争的加剧和不断发展的信息化给企业管理带来的挑战，培养企业所急需的综合型管理人才的任务日益紧迫。着眼于大学生综合素质与实践能力的提高，培养能适应社会和经济发展的创新型人才，已成为我国高校教育教学改革中的一项重要任务。

事实证明，对现实世界进行模拟不仅能带给我们知识并提高我们的能力，而且使我们的学习和训练过程充满了尝试和发现所带来的无穷无尽的乐趣。企业经营模拟实战演练就是这样一门将“知”与“行”紧密结合起来的实践课程。

每个人都有不同的个性，这种个性在企业经营模拟实战演练中会显露无遗。在模拟企业内部，进行良好的沟通、协调以确保各部门良性运作，着眼于企业大局，舍弃部门的局部利益，丌拓市场，以确保企业稳步发展等，这些能力都能在沙盘中得到很好的锻炼和提升。在残酷的市场竞争和企业经营风险面前，是轻言放弃还是坚持到底，这不仅是一个企业可能面临的问题，更是我们人生中需要不断抉择的问题。经营人生与经营企业是相通的。

体验沙盘不仅可以学到知识，还能开阔视野，优化思维方式，锻炼与各方沟通协调的能力，增强团队意识，为以后从事企业管理工作打下坚实的基础。

金蝶软件（中国）有限公司成都分公司

服务与培训教育总监

黄　炯

2009 年 5 月于成都

引 言

学习背景

信息时代的来临，使得企业所处的商业环境发生了根本性变化。顾客需求瞬息万变、技术创新不断加速、产品生命周期不断缩短、市场竞争日趋激烈，这些构成了影响现代企业生存与发展的三大力量：顾客、竞争和变化（3C）。为了适应3C的外部环境，企业必须进行管理思想上的革命（Revolution）、管理模式与流程上的重组（Reengineering）和管理技术手段上的更新（Reform）（3R），从而在全球范围内引发了一场以企业再造（BPR）为主要内容的管理模式革命和以企业资源计划（ERP）系统应用为主体的管理手段革命。

随着社会对人才需求的变化，学科知识层次发展越来越丰富，学校的人才培养模式必须加以变革。如何适应时代的需要、培养多元化的复合型人才，消除专业偏执，拓宽知识面，已成为当今高校面临的一个重要的教改课题。

ERP沙盘模拟对抗演练课程就是在这种环境之下应运而生的。它是一种完全不同于传统的课堂灌输授课方式的体验式训练课程，通过直观的企业经营沙盘来模拟企业运行状况。该课程集角色扮演、案例分析和专家诊断于一体，让学员在分析市场、制定战略、组织生产、整体营销和财务结算等一系列活动中体验企业经营运作的全过程，认识到企业资源的有限性，从而深刻理解 ERP 的管理思想，掌握管理规律，提升管理能力。

本书用途

● 高校教学

对于尚未踏入社会的学生而言，该课程可以有效地帮助他们深入体验工业企业中的市场、销售、采购、研发、生产、财务等全方面的业务流程，学会从企业整体的角度进行思考和决策，对于全面认识企业的经营过程，以及尽早融入企业并为企业的实际经营献计献策非常有效。

● 企业培训

生产型企业经营实战演练是面对企业中高层管理者的高端培训课程，能帮助企业界精英迅速提升管理能力。本课程涉及企业战略、产品研发、生产管理、市场营销、财务管理等多方面的管理知识与技能。本课程体系是将企业置身于国际化、信息化、瞬息万变的复杂环境中，通过模拟企业的整体运营过程，让学员分析企业内外部环境，制定战略方案、市场及产品决策、生产决策、营销决策、财务决策，体验企业的经营决策过程，从而掌握制定决策的方法，远离决策陷阱和误区，达到提高学员决策能力的目的。课程班由 30 ~ 40 名学员组成，由 5 ~ 6 名学员组成一个企业，共形成 5 ~ 6 个相互竞争的模拟企业，连续从事六七期的经营活动。

● 管理学、财务学、营销学、人力资源学的入门指引

▶ 工商管理类学生在传统的教学模式中虽然获得了相当丰富的管理理论知识，但从来没有真正在实践中体会过管理决策，而金蝶生产型企业经营实战演练正好为学生提供了尝试的平台。他们可以在这个模拟经营中扮演企业经营者的角色，对企业整体运营、市场选择、年度发展投入等关系企业命运的事项进行决策，切身体会自己的每个决策给企业带来的影响。在模拟经

营的过程中，让学生的思维不再局限于一个狭隘的空间里，而是必须正确面对企业的整体运营。

▶ 财经专业的学生在传统的学习过程中只是从一个业务层面来看待财务这一职位，涉及的只是财务日常处理的内容，而在金蝶生产型企业经营实战演练过程中，学生必须从企业整体运营的角度来关注财务状况，不再是单纯从财务账本上看一些毫无意义的数字。在整个经营过程中，财务总监必须关注企业的现金流情况，做出每年的广告预算、分析研发成本和产品生产成本及贷款金额等。这些资金流动随时关系到企业的存亡。通过实战演练，学生可以跳出平时财务专业学习时单纯的业务操作及账本数据的局限，真正认识到财务管理对企业的重要性。

▶ 市场营销类学生在实战演练过程中，可以切实体会到订单争取的激烈程度，同行业之间谈判、合作的必要性及存在的困难。如何将自己的库存商品以最适当的价格推销出去，是学生必须考虑的问题。

▶ 信息管理、人力资源管理类学生首先要做的是情报搜集，然后对各个模拟企业的运营状况进行分析，过滤其中虚伪的成分，确定主要竞争对手、合作伙伴等信息，将最精确的情报提供给CEO，从而使之作出最有利于企业发展的战略。在模拟过程中，学生的逻辑思维能力、分析能力和判断能力将得到很大的提高，由原先从一个角度看问题转换到从整体看问题。

本教程从财务、研发、采购、生产、市场销售等方面进行角色分工，按照任务内容的不同进行分类讲解，既有管理理论的剖析，又有实战经验的总结，深入浅出，希望帮助读者快速找准自己的位置，有效提升自己的能力。

本教程由企业和高校的沙盘专业讲师共同编写，共分为五章。第一章由傅仕伟、刘海燕执笔，第二章由邹燕、张冬执笔，

第三章由张帆、陈思执笔，第四章由周屹、曾晟执笔，第五章由易健、李丽执笔。最后由邹燕对全书进行修改并定稿。

在书稿的写作和修改过程中，我们听取了很多企业模拟经营实战演练参与者的建议，特别感谢西南财经大学 ERP 沙盘校队同学们的帮助，以及金蝶软件（中国）有限公司和西南财经大学出版社的支持。

书中的不足之处，敬请读者批评指正。

编　者

2009 年 5 月

有用的图标

注 意

引起注意的地方。

思 考

引起思考的地方。

提 示

书上内容相关知识的解释。

小贴士

小知识点的补充介绍或说明。

✦ 重点

文中相对重要的知识点。

目 录

第一章

企业模拟经营实战概述

第一节　实战的目的及意义

一、企业模拟经营实战的目的

1. 对于高校教学

● 将课堂上所学的“知”应用于实际中的“行”。

● 将理论应用到行动计划和解决方案中。

● 学习解决问题的思路与方法。

● 提升择业就业的综合能力。

2. 对于企业培训

● 理解市场导向基础上的战略管理与财务管理。

● 学习战略决策的清晰思路、基本原则和简明方法。

● 培养统观全局的能力，学习像公司决策者一样面对全局思考问题。

● 理解公司任一部门的行为对公司全局的影响。

● 了解资金在公司内如何流动，以及资金分配的重要原则。

● 认识变现计划与投资计划的重要性。

● 学习重要的财务知识，更好地解读财务报表，快速建立

“关注结果的经营思维”。

- 学习如何控制成本。
- 学会生产、库存管理与规划。
- 理解沟通与协作的重要性，培养团队精神。

二、企业模拟经营实战的意义

企业模拟经营实战演练完全不同于传统的课堂灌输授课方式，而是通过直观的企业经营沙盘来模拟企业运行状况，让参与者在分析市场、制定战略、组织生产、整体营销和财务结算等一系列活动中体验企业经营运作的全过程，认识企业资源的有限性，从而深刻理解 ERP 的管理思想，掌握科学的管理规律，提升管理能力。

该训练集角色扮演、案例分析和专家诊断于一体，最大的特点是“在参与中学习”。参与者的学习过程接近企业实际情况，在短短几天的训练中，参与者会遇到企业经营中经常出现的各种典型问题。参与者必须和同伴们一起去寻找市场机遇，分析规律，制定策略，实施全面管理。在各种决策的成功与失败的体验中，学习管理知识，掌握管理技巧，提高管理能力。

第二节　企业模拟经营工具——沙盘介绍

一、来源

“沙盘”一词在我国已有悠久的历史。《后汉书·马援列传》中记载，公元 32 年，汉光武帝征讨陇西的隗嚣，召名将马援商讨进军战略。马援对陇西一带的地理情况很熟悉，就用米堆成一个与实地地形相似的模型，从战术上做了详尽的分析。光武帝刘秀看后，高兴地说：“敌人尽在我的眼中了！”这就是最早的沙盘作业。19 世纪末和 20 年代初，沙盘主要用于军事训练，第一次世界大战后，才在实际中得到运用。

二、发展现状

企业资源计划（Enterprise Resource Planning，ERP）是通过信息系统对信息进行充分整理、有效传递，使企业的资源在购、存、产、销、人、财、物等各个方面能够得到合理的配置与利用，从而提高企业的经营效率。

ERP 沙盘模拟仿真实验最早由瑞典皇家工学院的 Klas Mellan 于 20 世纪 70 年代末提出来的，其最大的特点是采用了体验式教学方式，即遵循“体验—分享—提升—应用”的过程进行学习，在体验教学过程中实现了学生对所学知识的巩固与应用。该课程推出后迅速风靡全球，并成为世界 500 强企业广泛采用的一种经理人培训方法和众多 MBA 学院的必修课。

ERP 企业经营实战演练现已在全球知名院校被广泛应用，以模拟训练来辅助教学实践，提升学生综合运用知识与实际经营决策的能力，已成为现今高校实践教学的最佳模式。另一方面，该课程也广泛应用于企业管理人员的综合训练，全球 500 强企业 70% 以上采用实战经营模拟课程来培训员工。

金蝶 ERP 模拟实战演练应用情况

- 高校类：中国人民大学、上海财经大学、天津大学、中央财经大学、中南财经政法大学、华南农业大学、武汉大学、西南财经大学、山西财经大学等。
- 企业类：全友家私、TCL、时代集团等。

三、初级认识——履行自己的职责

企业经营模拟依靠工业实物手工沙盘用具来完成，沙盘用具包括沙盘盘面（见图 1.1，即模拟企业的载体）、现金、生产线等实物模拟用具以及任务清单（见表 1.1）等表格构成。

1. 盘面

● 原材料库：已入库原材料的堆放处，位于大厂房上面。

● 中小厂房：图同大厂房，位于大厂房下面。

● 成品库：如原材料库，是产成品的放置处，位于中小厂房的下面。

● 订单区：在成品库下面。

2. 筹码

筹码共有四种：

● 灰色：代表资金，一个代表 1M，即 100 万元。

● 红色：代表贷款金额，分为 1M（100 万元）和 10M（1000 万元）。

● 蓝色：代表原材料，分为 M1、M2、M3、M4 四种，是产品的组成部分。

● 黄色：代表原材料订单，种类同蓝色币。

3. 任务清单

参与者需严格依据任务清单的顺序做出预算、完成任务，即模拟经营，且在经营过程中，运营顺序不能倒回操作；否则，视为违规。本清单由担任总经理角色的参与者填写，任务顺序由其控制，分组裁判进行监督，以辅助企业通过运用沙盘盘面的指引和模拟用具的辅助来模拟企业制定战略和决策，开展研发和生产，扩充投资和融资，维持企业日常经营，出具年度会计报告，完成“企业价值最大化”的终极目标。

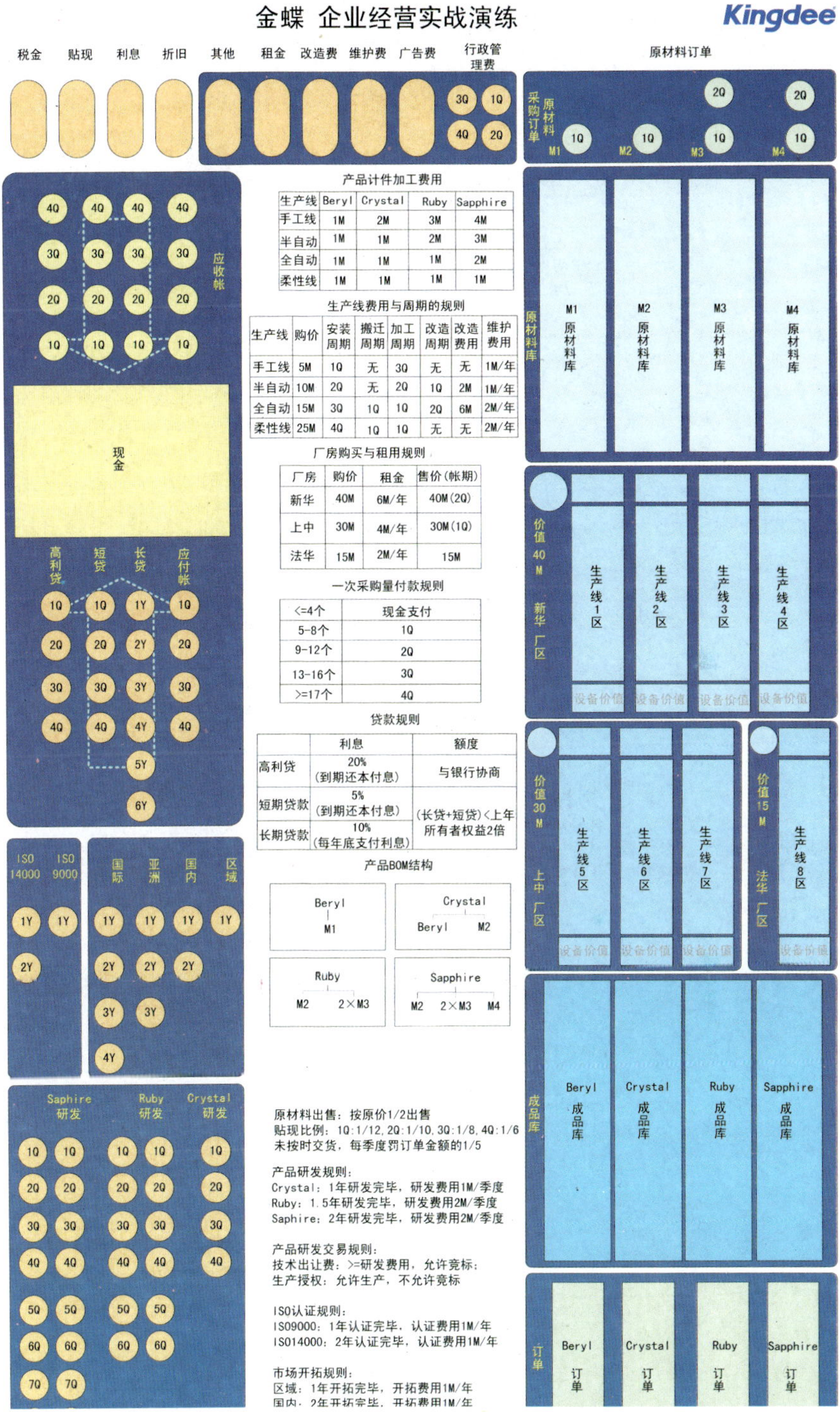

产品计件加工费用

生产线	Beryl	Crystal	Ruby	Sapphire
手工线	1M	2M	3M	4M
半自动	1M	1M	2M	3M
全自动	1M	1M	1M	2M
柔性线	1M	1M	1M	1M

生产线费用与周期的规则

生产线	购价	安装周期	搬迁周期	加工周期	改造周期	改造费用	维护费用
手工线	5M	1Q	无	3Q	无	无	1M/年
半自动	10M	2Q	无	2Q	1Q	2M	1M/年
全自动	15M	3Q	1Q	1Q	2Q	6M	2M/年
柔性线	25M	4Q	1Q	1Q	无	无	2M/年

厂房购买与租用规则

厂房	购价	租金	售价(帐期)
新华	40M	6M/年	40M(2Q)
上中	30M	4M/年	30M(1Q)
法华	15M	2M/年	15M

一次采购量付款规则

<=4个	现金支付
5-8个	1Q
9-12个	2Q
13-16个	3Q
>=17个	4Q

贷款规则

	利息	额度
高利贷	20%(到期还本付息)	与银行协商
短期贷款	5%(到期还本付息)	(长贷+短贷)<上年所有者权益2倍
长期贷款	10%(每年底支付利息)	

产品BOM结构

Beryl: M1
Crystal: Beryl, M2
Ruby: M2, 2×M3
Sapphire: M2, 2×M3, M4

原材料出售：按原价1/2出售
贴现比例：1Q:1/12,2Q:1/10,3Q:1/8,4Q:1/6
未按时交货，每季度罚订单金额的1/5

产品研发规则：
Crystal：1年研发完毕，研发费用1M/季度
Ruby：1.5年研发完毕，研发费用2M/季度
Saphire：2年研发完毕，研发费用2M/季度

产品研发交易规则：
技术出让费：>=研发费用，允许竞标；
生产授权：允许生产，不允许竞标

ISO认证规则：
ISO9000：1年认证完毕，认证费用1M/年
ISO14000：2年认证完毕，认证费用1M/年

市场开拓规则：
区域：1年开拓完毕，开拓费用1M/年
国内：2年开拓完毕，开拓费用1M/年

图 1.1 实战沙盘盘面

表 1.1　　　　　　　　模拟经营年度任务清单

每年年初：（根据提示，完成部分画“√”）				
(1)支付应付税（根据上年度结果）	☐			
(2)支付广告费	☐			
(3)登记销售订单	☐			

每个季度：	一季度	二季度	三季度	四季度
(1)申请短期贷款/更新短期贷款/贷款还本付息	☐	☐	☐(20M)	☐
(2)更新应付款/归还应付款	☐	☐	☐	☐
(3)更新原材料订单/原材料入库	☐	☐	☐	☐
(4)下原料订单	☐	☐	☐	☐
(5)更新生产/完工入库	☐	☐	☐	☐
(6)投资新生产线/生产线转产/变卖生产线	☐	☐	☐	☐
(7)开始下一批生产	☐	☐	☐	☐
(8)产品研发投资	☐	☐	☐	☐
(9)更新应收款/应收款收现	☐	☐	☐	☐
(10)按订单交货	☐	☐	☐	☐
(11)支付行政管理费用	☐	☐	☐	☐

每年年末：	
(1)申请长期贷款/更新长期贷款/长贷支付利息	☐
(2)支付设备维修费	☐
(3)支付租金（或购买建筑）	☐
(4)折旧	☐
(5)新市场开拓投资 /ISO 资格认证投资	☐
(6)关账	☐

四、初始年度财务状况

请组织者组织各小组的角色，注意各角色应负责的盘面区域和筹码情况，以及财务人员应注意的财务状况，说明财务报表和盘面操作的注意事项。

● 现金：24M。

● 应收款（现金）：14M（2Q、3Q 各有 7M）。

● 在制品（筹码 + 现金）：6M。

生产线 1（手工）：筹码和现金各一个（代表 Beryl）放在一期处。

生产线 2（手工）：无在产品。

生产线 3（手工）：筹码和现金各一个放在三期处。

生产线 4（半自动）：筹码和现金各一个放在一期处。

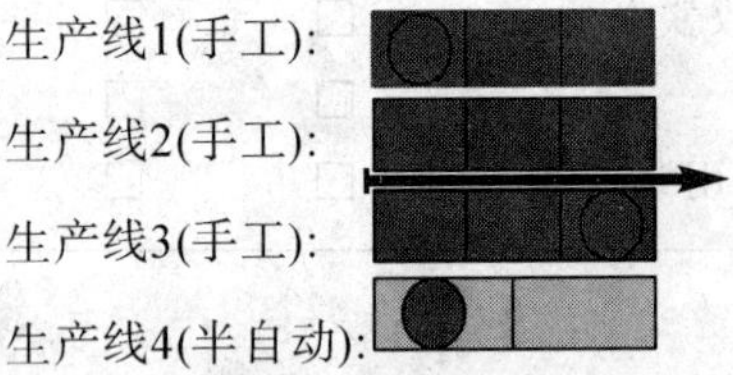

● 成品：（筹码 + 现金）Beryl：6M（筹码和现金各 3 个放在仓库）。

● 原材料（筹码）：M1：2M（2 个）。

● 拥有厂房 A（筹码），价值 40M；机器和设备现有价值（现金）12M。

● 短期贷款（筹码）：3Q、4Q 各 13M。

第四节　企业模拟经营规则总述

本节介绍规则分为三个部分，即市场与销售规则、采购与生产规则、财务规则，对应后面的章节做全面介绍，第二章至第四章将针对本节规则和操作技巧进行更详尽的说明和讨论。需要说明的是，本节所介绍的规则是具有普遍性的，建议组织者可以在这些规则的基础上进行一些细节修改，即更改模拟经营市场的环境和条件，让参与者多角度充分体验企业经营的过程。

一、市场与销售规则

1. 市场开发与资格认证研发规则（见表 1.2、表 1.3）

表 1.2

市场	开拓费用	开拓时间
区域	1M	1 年
国内	2M	2 年
亚洲	3M	3 年
国际	4M	4 年

表 1.3

管理体系	ISO9000	ISO14000
建立时间	1 年	2 年
所需投资	1M	2M

注：市场开发完毕，才能竞争该市场的订单；
ISO 开发完毕，才能拿到 ISO 的订单。

2. 市场排行规则

● 第一年按照竞标金额排定。

● 从第二年起，上一年度销售量最大者优先选该市场该产品的订单，其余企业（小组）按广告费排序。

● 当两组本年市场投入相同时，先根据上一年销售量决定先后顺序，若上一年销售量相同，则进行竞价。

● 上一年在某个市场有投入，本年未投入，表示该小组在未来年度将永远放弃该市场。若想再次进入该市场，则需要重新研发。

● 对单个产品在某市场的广告费若投入1M，有获取1个订单的可能；投入3M，有获取2个订单的可能；投入5M，有第三轮选单机会。

3. 订单交货（销售）规则

● 交货时，按订单上写明的数量，一次性交货。

● 普通订单：按季度生产，按规定的交货期交货。

● 加急订单：一季度后交货。

● 无法按时交货：每过一个季度，按订单金额的1/5罚款。

● 交货后，按订单上的账期放入应收账款对应季度。

注意：如果某一个公司无法按时完成生产，可以向其余的公司购买成品和原材料，价格自行协商决定。

二、采购与生产规则

1. 原材料采购规则（见表1.4）

表1.4

原料采购	账期
≤4个	现金
5~8个	1Q
9~12个	2Q
13~16个	3Q
≥17个	4Q

● 采购提前期

M1：1Q；M2：1Q；M3：2Q；M4：2Q。

● 原材料变卖给银行，按原值的1/2处理。

2. 厂房购买/租用规则（见表1.5）

表1.5

厂房	购价	租金	售价	容量
A	40M	6M/年	40M（2Q）	4条生产线
B	30M	4M/年	30M（1Q）	3条生产线
C	15M	2M/年	15M（现金）	1条生产线

3. 生产线建设、改造等规则（见表1.6）

表1.6

生产线	购买价格	安装周期	生产周期	转产周期	转产费用	维护费用	出售残值
手工线	5M	1Q	3Q	无	无	1M/年	1M
半自动	10 M	2Q	2Q	1Q	2M	1M/年	2M
全自动	15M	3Q	1Q	2Q	6M	2M/年	3M
柔性线	24M	4Q	1Q	无	无	2M/年	4M

● 生产线不允许小组间相互买卖，只允许卖给银行，生产线的剩余价值全部计入现金。

● 领取生产线时，将现金按安装周期分放。如自动线上，现金放置位置为1Q——5M，2Q——5M，3Q——5M。安装完成，将所投入的现金放入“设备价值”。

● 建好的生产线在开始生产后，才按“当期新增资产不提折旧，当期减少资产计提折旧”的财务规定，依据平均年限法按“年”计提折旧，折旧年限为4年。

● 生产线在用期间需缴纳维护费用，变卖当期不需缴纳维护费用。

● 有在制品的生产线不允许转产或变卖，产品下线后，生产线允许转产或变卖。

4. 产品研发（见表 1.7）

表 1.7

产品	Beryl 绿宝石	Crystal 水晶	Ruby 红宝石	Sapphire 蓝宝石
研发时间	无需研发	4Q	6Q	8Q
研发投资	0	4M	12M	16M

● 产品研发技术允许转让，转让金额≥研发费用。

● 拥有该产品的研发技术，才能竞争该产品的订单。

● 没有该产品的研发技术，也可以建设生产线。

5. 产品结构（见图 1.2）

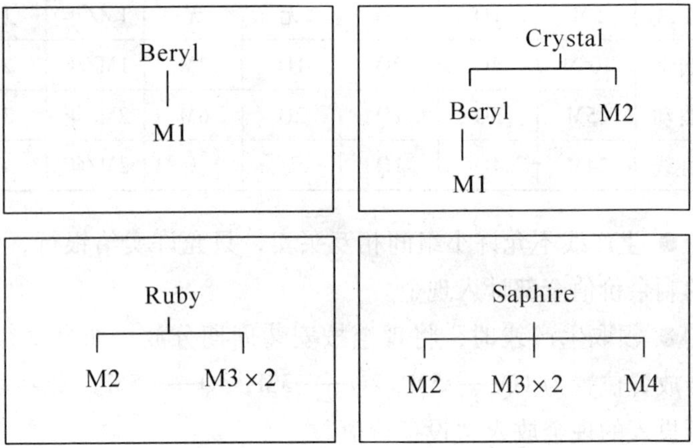

图 1.2

注意：在制造 Crystal 时，必须把 1 个 Beryl 成品和 1 个 M2 原料放在一起，然后加上对应的制造费用。

6. 产品加工费用（见表 1.8）

表 1.8

产品	手工线加工费	半自动加工费	全自动加工费	柔性线加工费
Beryl	1M	1M	1M	1M
Crystal	2M	1M	1M	1M
Ruby	3M	2M	1M	1M
Sapphire	4M	2M	2M	1M

三、财务规则

● 融资方式不包括发行股票或债券等，允许借款融资（长期贷款、短期贷款和高利贷三种方式），所有不足整数的费用，向上取整。

● 贷款总额（长期贷款 + 短期贷款）≤所有者权益 ×2，此处不包括高利贷。

● 长期贷款：10M 起贷，利息 10%，每年度末支付利息，到期还本付息，最长 6Y（6 年，Year）。

● 短期贷款：20M 起贷，利息 5%，到期一次还本付息，最长 4Q（4 季度，Quarter）。

● 高利贷：5M 起贷，额度不限，利息 20%，到期还本付息，最长 4Q。

● 贴现：将应收账转为现金，应支付的费用，比例为 1∶12（1Q）、1∶10（2Q）、1∶8（3Q）、1∶6（4Q）。比如，4Q 应收账款 16M，只能拿出 14M 贴现，2M 要交给银行（即贴息），12M 转为现金，2M 仍作为当期应收款。

● 企业在弥补完以前年度亏损后，对应计的企业净利润征收 25% 的所得税。

四、评分标准

一个企业经营得好坏，总有一定的评价标准和评价体系。在沙盘模拟经营中的评分标准，是按总积分排名，公式如下：

总积分 = 所有者权益 ×（1 + 企业综合发展潜力系数）- 贷款扣分

1. 所有者权益（Owner's Eqnity）

所有者权益是指资产扣除负债后由所有者享有的剩余利益，即一个会计主体在一定时期所拥有或可控制的具有未来经济利益资源的净额。所谓净资产，在数量上等于企业全部资产减去全部负债后的余额，可以通过会计恒等式的变形来表示，即资产 - 负债 = 所有者权益。所有者权益在企业经营期内可供企业长期、持续地使用，企业不必向投资人返还资本金。此外，在对企业的业绩进行分析时，有很多指标也是根据企业的所有者权益来计算的，所有者权益代表着企业规模的大小，因此，我们的评分标准以所有者权益为基础来计算总积分。

2. 综合发展潜力系数

企业综合发展潜力是指企业未来的发展潜力状况，主要通过企业的固定资产和无形资产来衡量。企业综合发展潜力系数 =（∑代表企业综合发展潜力的各项目分值）÷ 100。

代表企业综合发展潜力的各项目及其分值如表 1.9 所示：

表 1.9　　综合发展潜力评分一览表

项目		分值（分）
厂房	大厂房	40
	中厂房	30
	小厂房	20

表 1.9（续）

项目		分值（分）
生产线	手工线（条）	5
	半自动（条）	10
	全自动（条）	15
	柔性线（条）	20
产品研发	Crystal	20
	Ruby	30
	Saphire	40
ISO	ISO9000	15
	ISO14000	30
市场开拓	区域	10
	国内	20
	亚洲	30
	国际	40
市场老大地位	本地市场老大	10
	区域市场老大	10
	国内市场老大	10
	亚洲市场老大	10
	国际市场老大	10

说明：

1. 只有在最后一年结束之前将厂房购买回来才可以计分，若厂房是租用的则不计分。

2. 生产线必须至少生产出一种产品才能计分；否则，不予计分。在建的生产线和已经卖掉的生产线均不计分。

3. 每种产品必须全部研发完毕才能计满分，若只进行了部分研发则只能按比例计分。例如，在第六年的时候，只对

Saphire 进行了四期研发，还有四期尚未进行，因此，在计算综合发展潜力计分时只能在该项目上计 20 分，而不是 40 分，即 40×50% =20 分。

4. ISO 和市场开拓计分规则与产品研发相同。

5. 市场老大计分的计算是以最后一年每个市场上的市场老大为基础，若经营过程中有市场老大被翻的情况，则被翻的市场老大不计分。此外，市场老大可以重复计分，即若有两个市场老大地位，可以计 20 分。

3. 贷款扣分

贷款扣分是指最后一年若企业还有尚未还清的贷款，则要扣分。扣分标准如下：

高利贷——扣 20 分

长期贷款——扣 5 分

短期贷款——扣 10 分

若最后一年将所有贷款偿还，则不扣分。

注意：贷款扣分是在总积分的基础上进行抵扣，而不是在综合发展潜力中扣除。

总裁判要根据评分标准计算出每个参赛队的总积分，然后根据总积分来进行排名。

第五节　裁判须知

进行企业模拟经营，讲师在不同阶段要扮演不同角色，如银行、客户、供应商、股东等等。讲师根据参与者在实际经营过程中的实际决策及其结果数据，动态分析其成败得失的原因和关键因素，并与相关理论知识点结合加以系统深入的分析，使参与者对企业模拟经营的感性体验上升到理性互动，以促使其快速掌握企业经营中的一些关键要素和必备工具，并通过沙盘的实际应用来体会管理的科学性和艺术性的高度结合，从而使学生在今后的实际工作中能进行深入思考。

另外，在企业模拟经营过程中，还需要有裁判来监督各企业的经营过程，就像实际中有各种相关部门来监督企业运营一样。与众多比赛中的裁判相类似，企业模拟经营中的裁判的主要职责是对规则的解释和争端的裁定，并保证运营的顺利进行。裁判可以分为总裁判、总裁判助理和分组裁判。

总裁判负责引导整个运营过程的进行，并对运营规则具有权威的解释权。总裁判设置一名即可。其职责是：

● 引导模拟经营，解释规则和裁定争端，收集各年报表。

总裁判助理是协助总裁判引导模拟经营，一般可设置 2 人。其主要职责是：

● 管理道具，进行贷款、还款及监督工作，进行原材料、材料订单、产品交货、设备买卖等交易的执行和监督。

每一个参与模拟经营的企业都设置一名裁判即分组裁判，以严格监督每个小组的操作。分组裁判的职责是：

● 监督每组的操作是否违规，纠正违规行为。

● 填写监督表、订单及完成情况表。

● 分组裁判不得参与经营和讨论。

此外，各位裁判还要在运营过程中保证做到以下几点：

● 财务报表必须真实。

● 必须按照规则运作，每一次违规，处以 1M 的罚款。

● 贷款必须和银行协商，不能私自贷款或延长贷款期限。

● 必须按照操作顺序进行，不能私自修改顺序。

● 原材料采购、成品必须按照位置摆放，不能混用。

● 每年度末提交报表，如果未按时提交，罚款 1M/10 分钟。

培训流程如图 1.3 所示。

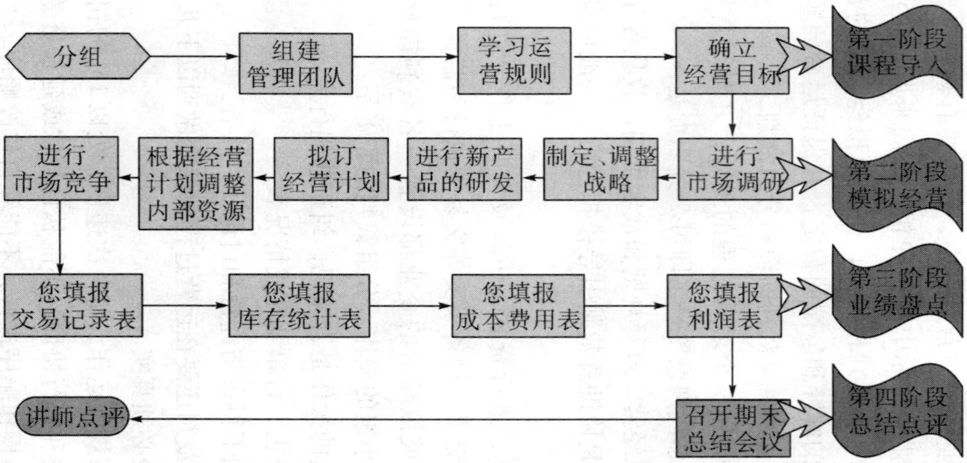
分组
组建
管理团队
学习运
营规则
确立
经营目标
第一阶段
课程导入
进行
市场调研
第二阶段
模拟经营
制定、调整
战略
进行新产
品的研发
拟订
经营计划
根据经营
计划调整
内部资源
进行
市场竞争
您填报
交易记录表
您填报
库存统计表
您填报
成本费用表
您填报
利润表
第三阶段
业绩盘点
召开期末
总结会议
第四阶段
总结点评
讲师点评

图1.3　培训流程图

课时安排（见表 1.10、表 1.11）

表 1.10　　单次培训时间安排（2 天时间）　　单位：分钟

项目	第一年	第二年	第三年	第四年	第五年	第六年	第七年
战略讨论	10	10	10	10	10	10	10
广告投入	5	5	10	10	10	10	10
订单发放	5	5	10	15	20	20	20
企业运营	60	60	60	60	60	60	50
报表提交	10	15	15	15	15	15	15
点评分析	20	20	20	20	20	20	20
合计	110	115	125	130	135	135	125

表 1.11　　2 学分课程教学大纲（16 周）范本

NO	课程内容	建议课时	教授形式
1	沙盘介绍	1	PPT
2	角色分工	1	PPT 讨论
3	规则和初始盘面介绍	2	PPT 讨论
4	试运营一年（体验）	2	PPT 讨论 操作
5	市场与销售	2	PPT 讨论 操作
6	采购与生产	2	PPT 讨论 操作
7	财务与信息	2	PPT 讨论 操作
8	试运营两年	2	PPT 讨论 操作
9	正式模拟运营	16(2 天)*	PPT 实战
10	经验交流	2	讨论
	合计	32	

* 讲师可根据具体学时要求更改正式模拟运营的课时安排。

第二章

企业模拟经营前期筹划

企业模拟经营模拟了一个大的市场环境，里面有 N 家经营了多年的传统型宝石制造企业，一直生产单一产品绿宝石（Beryl），销往本地市场。企业拥有自己的厂房和生产设备，但随着经济形势的发展，其面临诸如竞争者增多、产品更新换代、生产效率提高等问题。现今您和您的团队被邀经营这些企业，以投资新产品，提升企业市场地位，扩大生产规模，采用现代化生产手段，获取更多的利润。

本章将从建立团队、模拟成立企业开始，定位于团队管理，结合预算的相关理论知识介绍，让读者在进入 ERP 沙盘模拟世界前做好充分的准备。

第一节　组建团队——感性认知角色

在实物沙盘模拟中，通常设置 5 到 6 个不同的人物角色来进行企业经营，这些角色分别是执行总裁（总经理）、财务总监、市场总监、生产总监（运营总监）、信息总监和研发总监。每个角色都有自己的责任，相互配合、相互合作，共同经营一

个企业（如图 2.1 所示）

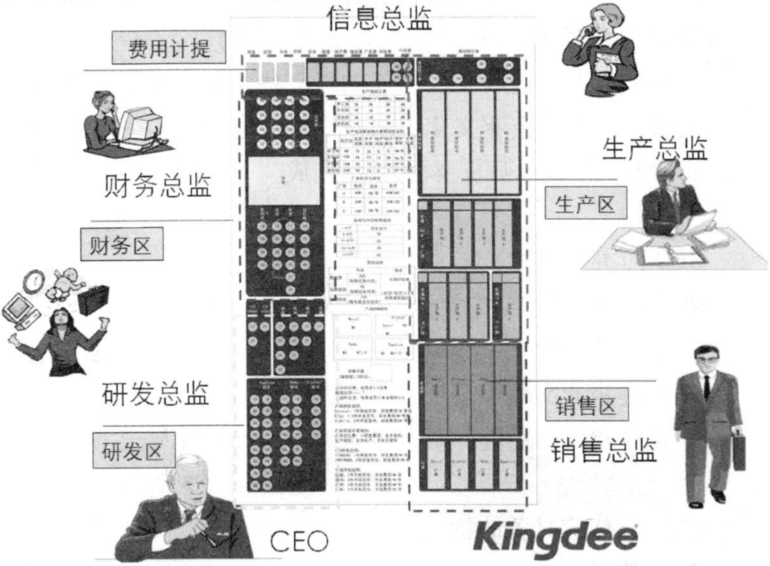

图 2.1　金蝶工业实物沙盘与角色分工图

建议组织者根据本节的介绍，在所属的模拟经营大环境中开辟一个“人才交流市场”。先由每位参与者结合自己的性格特点和角色尝试愿望，选取一个角色，再到人才交流平台进行招聘或组合，组成激进派团队、稳健派团队或中庸派团队。

让我们先认识企业模拟中的各个角色吧！

一、首席执行官（Chief Executive Officer，CEO）

CEO 是在一个企业中负责日常经营管理的最高级管理人员，又称作行政总裁（我国香港地区和东南亚的称呼）或最高执行长（日本的称呼）。

作为一名 CEO，他要对所有的事负责，特别是在公司的启动阶段。作为一名 CEO，他也要对公司的成败负责。所以，公司运作、市场开拓、战略决策、财务管理、企业文化创建、人力资源、遵守安全法规、销售、公共关系等，这一切的责任都要落到 CEO 的肩上。

CEO 的职责是别人无法替代的，有些事情甚至是无法授权给他人的，如创建企业文化、组建高层管理团队、选择融资途径，实际上，授权本身也要由 CEO 完成。

CEO 的主要职责

- 制定企业战略和目标，分析对手，决策预算，树立特有的企业形象。
- 创建企业文化。
- 团队建设，稳健协调，诚信经营，善于用人。

成功 CEO 应具备的特质

- 诚信正直。
- 责任感——将公司摆在第一位，严格要求自己，做事情有始有终。
- 自信——广纳益言，接受挑战。
- 积极——勇于尝试与改变。
- 具有前瞻性、洞察力。
- 创新——挑战旧习惯，累积小赢成大赢。
- 企图心——更新格局与视野，追求更大的成就。
- 果决——根据价值观迅速作出判断。

范安德，大众集团（中国）CEO，1957年4月生于德国，毕业于德国达姆施塔特技术大学经济工程专业，之后在美国通用汽车学院获得MBA工商管理硕士学位。1990年，范安德加入大众汽车集团，担任奥迪汽车公司财务控制与利润分析部门负责人。1993年调到大众汽车集团总部任集团财务控制部经理，1995年至1997年担任负责包括亚太地区在内的海外销售业务的执行总监，1997年出任大众汽车巴西公司财务总监，1998年升任大众汽车巴西公司负责财务及企业战略的副总裁。2002年8月，担任斯柯达汽车公司负责财务、采购、法律和组织的董事副总裁，2003年2月担任斯柯达公司副董事长。2005年7月，范安德出任大众汽车集团全球副总裁兼中国公司总裁、首席执行官。

CEO 的职能定位

● 制定发展战略	竞争格局分析	经营指标确定
● 业务策略制定	全面预算管理	管理团队协同
● 企业绩效分析	业绩考评管理	管理授权与总结

香港首富李嘉诚的管理艺术：想当好的管理者，首要任务是知道自我管理是一项重大责任，在流动与变化万千的世界中，发现自己是谁，了解自己要成什么模样是建立尊严的基础。

其次，成功的管理者都应是伯乐，摩登伯乐的责任在甄别、延揽“比他更聪明的人才”，但绝对不能挑选名气大但妄自

标榜的企业明星。挑选团队，有忠诚心是基本，能力和道德水平同等重要。要建立同心协力的团队的第一条法则就是能聆听得到沉默的声音，问自己的团队和你相处有无乐趣可言，你是否开明公允、宽宏大量，能承认每一个人的尊严和创造的能力，有原则和坐标而不是费时矫枉过正的执著者。

最后，好的管理者真正的艺术在其接受新事物、新思维与在传统中更新的能力。人的认知力由理性和理智交融贯通，我们永远不是也永远不能成为“无所不能的人”。“天行健，君子以自强不息。”

CEO 的性格分类

● 分析型。这种类型的人喜欢事实、数字、细节，他们在采取行动上很谨慎，守时是他们的标记。和这种人互动时，千万不能要求他们忽略细节，只看大局。

● 表达型。这种类型的人喜欢与人打交道，他们可能是优秀的激励者，但通常不擅长细节或后续工作。和这种人互动时，要留意他们对细节不耐烦。

● 友善亲切型。这种类型的人关怀他人、能为他人着想，是很好的倾听者。他们通常不喜欢成为众人注目的焦点，他们避免在会议中提出他们的想法，可能会等到会议结束后才私下提出建议。和这种人会谈时，千万不要急促地赶议程，而忽略了他们的感受。

● 驾驶型。这种类型的人爱领导，喜欢压力、挑战、行动，喜欢快速决策，事后再来解决问题。和这种人交谈时，必须简短、直接切入要题，不要挑战他的权威，不要问他不懂的问题，把重心放在此人想达成的目标上，对此目标提出建议。

在企业经营模拟中，CEO 负责整体战略的制定，协调小组成员之间的不同意见。他需要组建团队，解决团队纠纷，决定团队的发展战略。当成员意见相左时，由 CEO 拍板决定。当然，企业的重要决策均由 CEO 带领团队共同决定。简而言之，在企业模拟经营中，CEO 的主要职能就是领导、组织和协调。

二、财务总监（Chief Financial Officer，CFO）

CFO 又称公司首席财政官、首席财务官，是现代公司中最重要、最有价值的顶尖管理职位之一。作为一名成功的 CFO，需要具备丰富的金融和财务理论知识及实务经验。公司理财与金融市场交互、项目估价、风险管理、产品研发、战略规划、企业核心竞争力的识别与建立，以及洞悉信息技术及电子商务企业的冲击等，都是 CFO 范围之内的事。

CFO 的特点

- 语言表达能力强；熟练掌握沟通、交谈技巧；良好的人际沟通和独立工作能力。
- 具备较全面的财会专业理论知识、现代企业管理知识，熟悉财经法律法规和制度，熟悉财务相关法律法规和税法政策，擅长营运分析。
- 参与过重大投资项目的分析、论证和决策。
- 具有建立财务管理体系、控制财务预算与费用的能力。
- 对资本运作规则有相当的了解，并具有较丰富的操作经验。

CFO 应具备的能力

- 解决问题时的逆向思维能力。
- 考虑问题时的换位思考能力。
- 强于他人的总结能力。
- 文书编写能力。
- 信息资料收集能力。
- 制定解决问题方案的能力。

穆勇，2007 年 9 月 1 日被任命为大众汽车集团（中国）财务执行副总裁并成为董事会成员。作为大众中国的 CFO，穆勇认为之前的工作学习经历和在全球不同市场从事不同岗位的经验积累是非常重要的。在来中国之前，穆勇就为中国工作过，但不是在中国，而是在大众德国总部——狼堡，从事有的放矢地使用研发经费的工作，有新车上市的价格定位财务控制等方面的丰富经验。穆勇曾经在亚太地区的新加坡和日本工作，加盟大众之前曾为戴姆勒—克莱斯勒工作。

CFO 的性格测试——看看你是否适合做一名财务总监

- 你不仅仅是个数字工作者，还是一名信息过滤者和分析家。
- 你能克服自负的缺点，你明白，错误的一意孤行最终将导致企业和个人的失败。
- 你具备在压力下坚持原则的能力。
- 你能处理各方关系，敢于在发表对企业战略的意见时冲撞 CEO。
- 你能发挥主观能动性，主动挑战现状，扭转局势。

- 你能关心企业的经营，思索企业的核心竞争力。
- 你善于言辞，静中求动。
- 你能处理与利用好形形色色的社会关系。
- 你依靠首席信息官，重视他们给你提供的任何情报。
- 你具备一定的领导才能。

CFO 的职能定位

- 日常财务记账和登账　向税务部门报税　提供财务报表
- 日常现金管理　　企业融资策略制定　　成本费用控制
- 资金调度与风险管理　财务制度与风险管理
  财务分析与协助决策

在企业模拟经营中，CFO 负责资金的运作，特别需要关注公司现金流，每次现金的变动都需要登记入账，同时承担财务报表的制作工作；主要职责是不让公司出现现金流枯竭，同时控制成本。其主要任务是管理好现金流，按需求支付各项费用；核算成本；按时报送财务报表并做好财务分析；进行现金预算，采取经济有效的融资方式来筹集资金供企业经营之用（详细内容见第五章——财务与信息）。

三、市场总监（Chief Marketing Officer，CMO）

CMO 是公司里负责管理每日活动的官员，是组织中最高层的成员之一，监测每日的公司运作，并直接向 CEO 报告。CMO 在某些公司中同时担任总经理，但他们通常是常务或资深的副总裁。

金炳国：英特尔公司高级副总裁兼数字家庭事业部总经理。此前，金先生担任英特尔公司销售与市场推广事业部总经理兼

英特尔首席市场营销官，负责英特尔在全球的所有销售和市场推广运营工作。在2004年11月加盟英特尔之前，金炳国曾担任三星电子有限公司的执行副总裁，负责三星公司的全球市场推广和新业务拓展工作，促进三星公司成长为全球领先的品牌。在1999年加入三星公司之前，他已经积累了丰富的软硬市场推广、产品开发和风险投资管理经验。金炳国在Dun & Bradstreet Corporation公司工作的五年间，曾担任Pilot Software总裁兼CEO以及首席技术官。在莲花公司（Lotus Development）工作期间，他担任数据库产品总经理。2002年，金炳国被《时代》杂志评为年度“全球最具影响力人物”之一。

CMO负责公司的日常营运，辅助CEO的工作。一般来讲，CMO负责公司组织体系的建设，并代表CEO处理企业的日常职能事务。如果公司未设总裁职务，则CMO还要承担整体业务管理的职能，主管销售策略与综合业务拓展，负责建立公司整个的销售策略与政策，组织生产经营，协助CEO制订公司的业务发展计划，并对公司的经营绩效进行考核。

CMO的任务是实现销售，使企业的资金快速周转。市场总监主要负责市场销售，管理企业的订单并保证按期交货。市场总监应结合市场预测及客户需求制订销售计划，有选择地进行广告投放，取得与企业生产能力相匹配的客户订单，与生产部门做好沟通，保证按时交货给客户，监督货款的回收，进行客户关系管理。

张家茵（Phyllis Cheung）女士，麦当劳（中国）有限公司首席市场推广官，负责建立和实施麦当劳在中国的市场营销和品牌策略，并负责培训和发展麦当劳在中国的市场推广团队。2000 年加入麦当劳，负责麦当劳中国针对家庭与年轻人的市场推广项目。2001 年参加麦当劳全球汉堡大学的市场营销课程的学习，荣获校长奖。2002 年开始担任华南区域市场部主管以及负责深圳地区市场营销工作。2003 年调任至香港，带领麦当劳的跨部门团队实施产品推广、甜品站业务。2005 年成功管理并执行了麦当劳全国市场推广计划并晋升为麦当劳（中国）有限公司全国市场推广高级总监。

CMO 的特点

- 要尽可能多地涉猎不同工作。
- 要有一个长于“商业计划”的头脑。
- 善于捕捉信息，对稍纵即逝的信息有足够的敏感。
- 要有效率意识，加强自身工作效率和各种资源的运营效率，使人尽其才，物尽其用。

CMO 的职能定位

- 市场调查分析　　市场进入策略　　品种发展策略
- 广告宣传策略　　制订销售计划　　争取订单与谈判
- 签订合同与过程控制　　按时发货
  销售绩效分析　　应收款管理

在企业经营模拟中，市场总监的工作大大的简化了，他们负责市场和销售工作，主要包括市场的认证开发、投放广告费、选单、搜集信息资料和向其他竞争对手销售自己的产品，目的是面向市场获取大额订单，销售出尽量多的产品。CMO 必须具备很强的分析能力，足够冷静，有全局观，分析市场趋势和对手信息，协助 CEO 作出最有利于本公司的决策（详细内容见第三章——市场与销售）。市场总监和财务总监被称为 CEO 的左右手。

四、生产总监（Chief Product Officer，CPO）

CPO 是企业生产部门的核心人物，代表 CEO 对企业的生产活动进行管理，并最终负责企业的生产运营及产品质量。生产总监既是计划的制订者和决策者，又是生产过程的监控者，对实现企业目标负有重大责任。他的工作是通过计划、组织、指挥和控制等手段实现企业生产资源的优化配置，创造最大经济效益。

CPO 的主要职能

- 参与制定公司年度总预算和季度预算调整。
- 制定目标，根据工作目标和预算作出年度、季度工作计划，经批准后施行。
- 综合平衡年度生产任务，制订、下达月度生产计划，做到均衡生产。
- 负责重要生产设备的申购。
- 组织实施并监督、检查生产过程中质量体系的运行。
- 主管并监督检查公司安全文明生产、生产环保工作。
- 组织新技术、新工艺、新设备的应用推广。
- 主持制定、修订生产系统主管的工作程序和规章制度，经批准后施行并组织监督检查。
- 制订生产系统年度培训计划并协助培训部实施。

● 按工作程序做好与技术、营销、财务系统的横向联系，并及时对系统间争议提出界定要求，等等。

CPO 的职能定位

● 编制生产计划	平衡生产的能力	生产车间管理
● 产品质量保证	成品库存管理	固定资产投资
● 编制采购计划	供应商谈判	签订采购合同
● 监控采购过程	到货验收	仓储管理
● 采购支付抉择	与财务部协调	与生产部协同

企业经营模拟将 CPO 的职能大大简化了。其任务主要包括：负责公司产品研发和生产工作；制订原料采购和产品制造计划，保证原料供应及时、低成本、高质量；按照销售计划和预测按时制造出成品，同时控制库存和在制品的数量，并根据需要对生产线进行投资与改建（详细内容见第四章——采购与生产）。

五、研发总监（R&D Director）

研发总监主要负责研发工作，根据企业的战略选择产品、市场并组织 ISO 认证。一般的企业最初大都在其所在地注册企业并开始运营，经过几年的经营后，在本地市场上已经站稳脚跟。但企业若要有更大的发展就必须在稳定企业现有市场的同时积极拓展新市场，争取更大的市场空间。而企业争取新市场就必须有相应的产品组合来配合，因此还需进行产品研发。

研发总监的职能定位

● 产品研发管理　管理体系认证　市场研发认证

在企业模拟经营中，研发总监身兼数职，或者其他角色兼任研发总监。其主要工作是：把握ISO和产品方面的投入时机；协助CPO制订生产计划；编制并实施采购供应计划；分析各种物资供应渠道及市场供求变化情况，力求从价格上、质量上把好第一关，确保在合适的时间点采购合适的品种及数量的物资，为企业生产做好后勤保障（详细内容见第三章和第四章）。

六、其他角色

在企业模拟经营中，除CEO、CFO、CMO外，还有两位常设角色，即信息总监和运营总监。

信息总监（Chief Information Officer，CIO，商业间谍），主要工作是收集信息，对竞争对手和行业信息通过渠道采集并且进行即时分析，通过全面的信息掌控协调各个部门的工作，为企业决策提供依据。CIO要监控竞争对手的情况，比如对手开发和进入的市场种类，开发、生产的产品类型，建设的生产线型号与数量，产能及获取订单情况等，做好全面的信息储备工作（详细内容见第五章——财务与信息）。

运营总监（Chief Operate Officer，COO），主要负责手工沙盘的走盘操作，通常此角色担任其他各角色的助理，配合与协调各小组成员的工作。

从整体上来说，5个角色或6个角色的设置均可，一个角色通常由一人担任。因此，组织者应根据参与者人数，合理划分小组（企业）个数。

一个团队，角色配合是成功的关键之一

在企业模拟经营中，CEO 作出决策，其他角色负责落实。比如，CPO 需要考虑在这样的战略下，怎样投资生产线，怎样采购原材料，怎样安排生产任务。

又比如，当 CPO 发现产能不够时，需要向控制资金流的 CFO 说明投资新生产线的希望，让 CFO 通过各种途径来进行筹资活动。同样，当 CFO 发现有充足资金不知道怎样使用时，就应向 CPO 咨询使用方案，而 CPO 应该根据资金数量决定投资方案。

再比如，CMO 到市场上去获取订单，订单数量与价格事关企业的生死存亡，所以控制年末库存和订单的交货期需要与 CPO 协调。

知己知彼，百战百胜。企业在严格的内部控制下，还需要 CIO 收集、分析和筛选模拟市场环境中其他企业（小组）方方面面的信息，如产能以及产品研发、库存等。

第二节　CEO 战略

一、企业战略

在迈克尔·波特的经典著作《竞争战略》中，他提出了五力模型。行业现有的竞争状况、供应商的议价能力、客户的议价能力、替代品或服务的威胁和新进入者的威胁这五大竞争驱动力，决定了企业的盈利能力。波特指出企业战略的核心应在于选择正确的行业，以及行业中最具有吸引力的竞争位置。

波特认为，在这五种竞争力量的抗争中，蕴涵着三类成功

的战略思想：总成本领先战略、差异化战略和专一化战略。这三种战略也是现代企业管理中最主要的三种战略。

1. 总成本领先战略

总成本领先战略通常要求建立起高效、规模的生产设施，在经验的基础上全力以赴降低成本，抓紧成本与管理费用的控制，以及最大限度地减少研发、服务、推销、广告等方面的成本费用。赢得总成本最低的有利地位通常要求具备较高的相对市场份额或其他各方面的优势，诸如与原材料供应商的良好联系等。

2. 差异化战略

差异化战略是将企业提供的产品或服务差异化，使企业在全产业范围内具有一些独特性的东西。实现差异化，可以是设计品牌形象、技术特性、性能特点、顾客服务、商业网络及其他方面的独特性。

3. 专一化战略

专一化战略是针对某个特殊的顾客群、某产品线的一个细分区段或某一地区的市场而制定的战略。这一战略的前提是：企业业务的专一化能够以较高的效率、更好的效果为某一狭窄的战略对象服务，从而超过在较广阔范围内竞争的对手们。

您的企业拟采用何种战略?

企业的战略不是一成不变的，聪明的 CEO 会随时根据市场情况来改变自己的管理战略，就像在大海中航行一样，帆的方向要随着风向的改变而改变。

二、团队管理

任何一个企业都需要建立一个团队，而一个高效的管理团队应该是由具有互补技能且具有一个共同目标的互相信任的少量成员组成。CEO 在团队的组建过程中起着协调、领导的作用。

一个团队的形成要经过组建期、磨合期、融合期和互助期四个阶段（见图 2.2）。

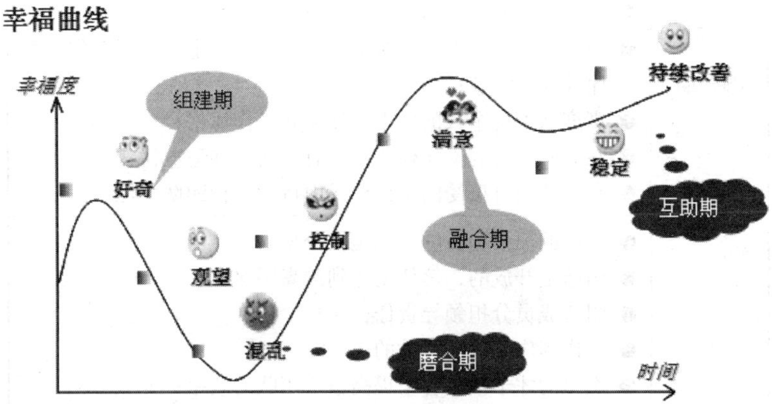

图 2.2　团队合作幸福曲线

一个团队从最初因好奇而走到一起，在经过了意见不统一、观念冲突、互不信任的磨合期到观念一致、相互信任的融合期，再到相互分享心得、互助互信，为了一个共同目标一起奋斗的互助期。团队在不同时期有不同的表现（如表 2.1 所示）。

表 2.1　　　　团队不同时期的特征表现一览表

组建期	● 团队缺乏共同的愿景和目的； ● 谈话时存有戒心，团队成员间的信任水平较低； ● 团队领导被视为计划和决策制定者； ● 团队缺乏共同工作所需的正式模式； ● 团队成员对其他成员特有的智慧和智能一无所知； ● 团队缺乏灵活性和适应性。

表2.1（续）

磨合期	● 关于团队目标、领导、类型和工作关系的观念冲突； ● 较公开地沟通，经常导致意见相左； ● 聚焦在个人需求而不是团队需求上。
融合期	● 明确了一个共同的愿景和目的； ● 沟通相对开放，信任度相对较高； ● 团队成员分担责任并接受领导指挥，确定了共同工作的程序并动态调整； ● 高度认可每个人的才干、技能和工作风格； ● 在共同认可的工作模式内具有灵活性和适应性； ● 在公认和可接受的工作模式内持续进行团队学习。
互助期	● 共同的愿景和目的观念是被分享的； ● 沟通是开放的，信任度达到最高层次； ● 团队成员分担领导责任； ● 工作程序是灵活有效的； ● 杰出的才干被综合来提高整个团队的效率； ● 团队具有灵活性和适应性并且对改进是开放的； ● 思想超越现有的参照标准范围而增加新的激情。

第三节　预算知识热身

预算（Budget）或称计划（Plan），是企业成功的另一关键。一个好的团队，如果没有一份好的预算进行辅助与控制，这个团队也无法获得成功。

为实现公司的经营目标，保证决策所确定的最优方案在实际工作中得到贯彻与执行，为了协调及平衡公司的经营活动与财务预算，为了监督和控制各子（分）公司企业经济运行和资金运行过程中出现的问题，为了分析和考核各子（分）公司及公司本部各部门的经营成果和经济效益，企业在实施发展战略前进行预算是非常必要的。一般而言，预算应遵循各级预算单位预算一致、分级全面预算、实事求是和一般不经调整等原则，按照会计期间进行编制的，也可按季或按月加以分解，求得季度或月度预算，以利逐月跟踪分析。

本节将按照获取订单、安排生产、控制资金的模拟经营思路，针对市场预算、生产预算和财务预算的理论进行简要介绍，让各公司（小组）在进入模拟经营前，树立编制预算、提前计划的意识。在模拟经营中，能对各部分具体操作进行很好的预算及控制，及时调整战略，严格控制资金流，顺利进行模拟经营和灵活应对突发事件。

一、市场预算

销售预算一般是企业生产经营全面预算的编制起点，生产、材料采购、存货费用等方面的预算，都要以销售预算为基础。销售预算把费用与销售目标的实现联系起来。销售预算是一个财务计划，它包括完成销售计划的每一个目标所需要的费用，以保证公司销售利润的实现。销售预算是在销售预测完成之后才进行的，销售目标被分解为多个层次的子目标，一旦这些子目标确定后，其相应的销售费用也被确定下来。

销售预算以销售预测为基础，预测的主要依据是各种产品历史销售量的分析，结合市场预测中各种产品发展前景等资料，先按产品、地区、顾客和其他项目分别加以编制，然后归并汇总。根据销售预测确定未来期间预计的销售量和销售单价后，求出预计的收入：

预计销售收入 = 预计销售量 × 预计销售单价

编制预算的方法

● 自上而下：主管按公司战略目标，在预测后，对可利用的费用，选择一种或多种决定预算水平的方法，分配给各部门。

● 自下而上：销售人员根据上年度预算，结合上年的销售配额，用习惯的方法进行预算，提交销售经理。

销售预算一方面为其他预算提供基础，另一方面，销售预算本身就具有对企业销售活动进行约束和控制的功能。销售预算的编制有利于公司目标及销售任务的实现。销售预算是为公司战略目标的实现而设置的，公司的战略目标会根据环境变化而调整，所以，预算不是一成不变的。预算并不是一项约束条件，而是一个应对挑战的武器。

二、生产预算

生产预算是根据销售预算编制的，计划为满足预算期的销售量以及期末存货所需的资源。计划期间除必须有足够的产品以供销售之外，还必须考虑到计划期期初和期末存货的预计水平，以避免存货太多形成积压，或存货太少影响下期销售。

计算公式：

预计生产量＝预计销售量＋预计期末存货－预计期初存货

为了了解现有生产能力是否能够完成预计的生产量，生产设备管理部门有必要再审核生产预算。若无法完成，预算委员会可以修订销售预算或考虑增加生产能力；若生产能力超过需要量，则可以考虑把生产能力用于其他方面。

生产预算涵盖生产过程。企业由销售预算中得出生产总额和总产量，以满足预算期内预计的销售需要和为下一期准备的存货需要。满足生产总量的需要后，企业就可以制订有关原材料、劳动力等附属生产预算。生产预算的编制，除了考虑计划销售量外，还要考虑现有存货和年末存货，根据生产预算来确定直接材料、直接人工和制造费用预算。产品成本预算和现金预算是有关预算的汇总。

生产预算的编制

以生产预算为基础，可进而编制直接材料预算、直接人工预算、制造费用预算和期末产成品存货预算。

1. 直接材料预算

直接材料的预算是一项采购预算，预计采购量取决于生产材料的耗用量和原材料存货的需要量。

计算公式：

直接材料预计采购量

=预计生产量×单位产品材料用量+预期期末直接材料存货-预期期初直接材料存货

=预计生产需用量+预期期末直接材料存货-预期期初直接材料存货

直接材料预计采购金额

=预计材料采购量×预计材料单价

为便于编制现金预算，在直接材料预算中，预计材料单价是指该材料的平均价格，通常可从采购部门获得。通常还包括材料方面预期的现金支出的计算，上期采购的材料将于本期支付的现金和本期采购的材料中应由本期支付的现金的计算。

2. 直接人工预算

直接人工预算列示根据预计生产量进行生产所需的直接人工小时以及相应的成本。直接人工成本通常从生产管理部门和工程技术部门获得，根据生产预算确定的每单位产出所需直接人工以及生产量，就可编制直接人工预算。

计算公式：

预计直接人工总成本

=预计生产量×单位产品直接人工小时×单位工时工资率

3. 制造费用预算

制造费用是除直接材料和直接人工以外，为生产产品而发生的间接费用。制造费用项目不存在易于辨认的投入产出关系，其预算需要根据生产水平、管理当局的意愿、长期生产能力、公司政策和国家税收政策等外部因素进行编制。

考虑到制造费用的复杂性，为简化预算的编制，通常按成本性态将制造费用分为变动制造费用和固定制造费用。变动费用通常包括动力费、维修费、直接材料、间接材料、间接制造人工等。计算变动制造费用的关键在于确认那些可变的具体项目，并选择成本分配的基础。固定制造费用通常包括厂房和机器设备的折旧、租金、财产税及一些车间的管理费用，它们支撑着企业总体的生产经营能力，一旦形成，短期内不会改变。

计算公式：

预计制造费用

=预计变动制造费用+预计固定制造费用

=预计业务量×预计变动制造费用分配率+预计固定制造费用

制造费用的编制通常还包括费用方面预计的现金支出的计算，以便为编制现金预算提供必要的资料。

4. 期末产成品存货预算

存货的计划和控制可以使企业以尽可能少的库存量来保证生产和销售的顺利进行。期末产成品存货预算的编制，不仅提供了编制预计资产负债表的信息，同时也为编制预计损益表提供产品销售成本的数据。编制时，首先应根据直接材料、直接人工、变动和固定制造费用的预算，计算确定产成品单位成本，再将产成品单位成本乘以预计期末产成品存货数量，即可得到预计期末产成品存货额。

三、财务预算

财务预算是一系列专门反映企业未来一定期限内预计财务状况和经营成果，以及现金收支等价值指标的各种预算的总称。

财务预算是反映某一方面财务活动的预算，如反映现金收支活动的现金预算；反映销售收入的销售预算；反映成本、费用支出的生产费用预算（又包括直接材料预算、直接人工预算、制造费用预算）、期间费用预算；反映资本支出活动的资本预算，等等。

综合预算是反映财务活动总体情况的预算，如反映财务状况的预计资产负债表、预计财务状况变动表，反映财务成果的预计损益表。上述各种预算间存在下列关系：销售预算是各种预算的编制起点，它构成生产费用预算、期间费用预算、现金预算和资本预算的编制基础；现金预算是销售预算、生产费用预算、期间费用预算和资本预算中有关现金收支的汇总；预算损益表要根据销售预算、生产费用预算、期间费用预算、现金预算编制；预计资产负债表要根据期初资产负债表和销售、生产费用、资本等预算编制；预计财务状况表则主要根据预计资产负债表和预计损益表编制。

财务预算的编制方法

● 固定预算与弹性预算

固定预算又称静态预算，是把企业预算期的业务量固定在某一预计水平上，以此为基础来确定其他项目预计数的预算方法。

弹性预算是固定预算的对称，它关键在于把所有的成本按其性态分为变动成本与固定成本两大部分。

固定预算与弹性预算的主要区别：固定预算是针对某一特定业务量编制的，弹性预算是针对一系列可能达到的预计业务量水平编制的。

● 增量预算和零基预算

增量预算是指在基期成本费用水平的基础上，结合预算期业务量水平及有关降低成本的措施，通过调整原有关成本费用项目而编制的预算。

零基预算又称零底预算，是指在编制预算时，对于所有的预算支出以零为基础，不考虑其以往情况如何，从实际需要与可能出发，研究分析各项预算费用开支是否必要合理，进行综合平衡，从而确定预算费用。

增量预算与零基预算的区别：增量预算是以基期成本费用水平为基础，零基预算是一切从零开始。

● 定期预算和滚动预算

定期预算就是以会计年度为单位编制的各类预算。

滚动预算又称永续预算，其主要特点是：不将预算期与会计年度挂钩，而是始终保持十二个月，每结束一个月，就根据新的情况进行调整和修订后几个月的预算，并在原预算基础上增补下一个月预算，从而逐期向后滚动，连续不断地以预算形式来规划未来的经营活动。

定期预算与滚动预算的区别：定期预算一般以会计年度为单位定期编制，滚动预算不将预算期与会计年度挂钩，而是连续不断向后滚动，始终保持十二个月。

至此，沙盘实战演练的准备工作已经就绪，下面让我们开始模拟企业经营吧！

第三章

市场与销售

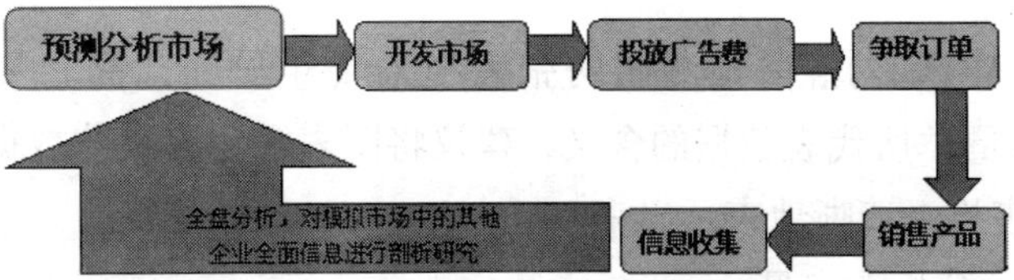

图 3.1　市场总监 CMO 工作流程图

第一节　市场预测图——分析市场的第一步

图 3.2 是一张本地市场预测图。按步骤分析预测图的具体数据，可以对自己公司的发展方向进行规划。

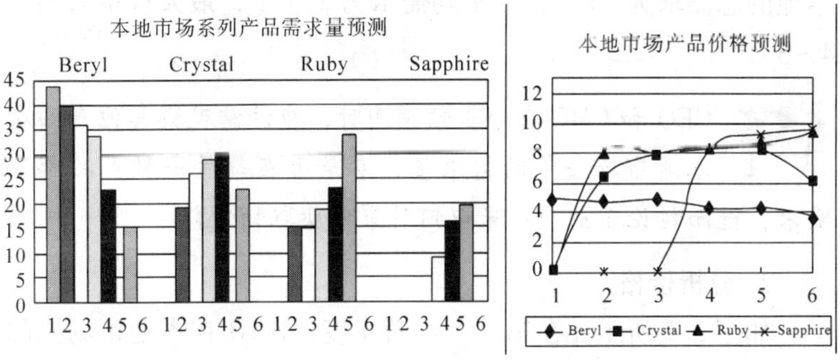

图 3.2　本地市场预测图

一、市场预测图的含义

市场预测图分为两部分——需求量预测图和价格预测图。需求量预测代表该产品在该市场的总需求量，而价格预测代表该产品在该市场的平均价格。当然，市场预测图毕竟只是一个预测，它不能准确地代表在实际经营模拟中的数据，但其大概方向是一致的，因此可以作为制定公司战略的参考。

二、分析市场预测图

CMO 切勿混淆预测图两张表横轴（年份和产品）和纵轴（需求量）所代表数据的含义，建议将图表转化为具体数据，在自制表格上清晰地表示出来。

1. 分析需求量

由图 3. 2 得知，企业通过估计某种产品在某个市场的总需求，除以模拟市场中企业个数得到一个平均需求，视平均需求的多少往上或往下浮动可猜测到其最大及最小数量订单。

如 Beryl 在本地市场第一年的需求量大概为 44 个，若市场中有八家企业，则平均需求量为 5. 5 个，CMO 可大概猜测当年 Beryl 本地最大需求量订单有 7 个左右。又如，Crystal 第二年在本地的总需求为 20 个，则平均需求为 2. 5 个，最大订单大约为 4 ~5 个。

CEO 和 CMO 在分析预测图时，应注意观察其他产品在本地市场每年的需求量，看是否在每年每种产品都有需求，进而讨论企业应该采取何种策略获取销售订单。

2. 分析价格

如图 3. 2 所示，在第一个经营年度，Beryl 在本地市场上的平均单价接近 5M，第二年的价格为 4. 8M，第三年为 5M，以此类推，可分析其价格走势。

获知数量和单价后，企业可求得总金额，并进一步估算出该产品在经营过程中能为企业带来的销售收入。

从市场预测图中尽可能多的获得信息

● 通过需求量预测图，用某个市场某种产品的总需求量来估计订单总张数。

● 通过价格预测图，比较分析不同产品在不同市场的销售价格，估算市场的毛利，修正企业战略。

分析市场预测图应注意的内容

● 结合需求量和价格预测图分析，找出共性，避免失误。

如图 3.2 所示，Crystal 在本地市场上第一年是没有需求的，其价格预测也为 0。同理，可得到 Ruby 和 Sapphire 的情况。这样 CMO 可提高效率，专注于 Beryl 产品的订单情况。

● 不能完全依赖于预测图上的数据，要充分发挥想象，善于估算。

第二节　市场开拓

在企业模拟经营中，虚拟的经营环境提供了五个市场，即本地市场、区域市场、国内市场、亚洲市场和国际市场。根据开发时间的长短，依次能够准入并获取销售订单的是本地市场、区域市场、国内市场、亚洲市场和国际市场。市场需要进行研发，才能准入。同时，还有产品质量认证 ISO9000 和 ISO14000 的研发，只有研发了这两种质量认证的企业，才能在相应的市场上获得要求质量认证的产品订单。

一、市场研发

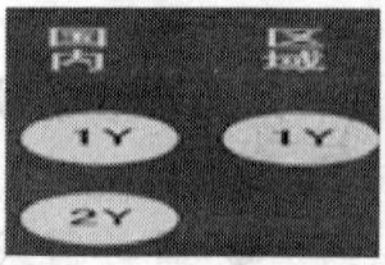

随着地域的扩大，市场研发时间逐渐增多(如表 3.1 所示)。研发费用按投资周期每年投入，研发完成的下一年度，便可准入该市场进行选单和销售。在企业模拟经营中，市场研发是在年末操作，也就是在盘面相应的位置放上现金币即可。

表 3.1　　市场开拓时间、费用表

市场	每年投资额	投资周期	全部投资额
本地	无	不需研发，随时准入	
区域	1M	1 年	1M
国内	1M	2 年	2M
亚洲	1M	3 年	3M
国际	1M	4 年	4M

例如，开拓区域市场需要一年时间，投资金额 1M，若第一年在区域市场投入 1M 的开拓费用，第二年企业便可进入该市场进行选单和销售活动。又如，国内市场的开拓时间为 2 年，开拓费用为 2M，如果企业计划在第三年就进入国内市场，那就需要在第一年和第二年分别投入 1M 的开拓费。同理可得亚洲和国际市场的开拓方法。

市场开拓具体操作中应注意的问题

● 只能在每年年末进行开拓且每次开拓只能为 1M，不能超前开拓。

● 开拓费用放币处的1Y、2Y等标志并不是指实际操作中所在的年份，而仅仅指市场实际开拓的年份。举例来说，企业若在第三年才开发区域市场，那就应在第三年年末在“区域”里的“1Y”处放上一个币，表示开发了1个周期。

● 该市场的开拓结束后，获取该市场的市场准入证。

● CMO应对市场开拓的过程有全局把握，避免出现因忘记开发而耽误整个企业运营的失误。

● 本地市场可以不开拓直接进入吗？

可以。因为企业着手经营的就是一家本地企业，无需研发。

● 市场开拓可以中断吗？

可以。例如，企业在第一年投入1M到国内市场，到第二年的时候暂时中断对国内市场的开拓，在第三年再在国内市场投入1M的开拓费用，到第四年即可进军国内市场。

● 多个市场开拓可以同时进行吗？

可以。各个市场的开拓是独立的，并不受其他市场的影响。

● 市场开拓之后就可以一直进入吗？

市场开拓以后，需对该市场的产品投入广告费才可以进行销售订单选择；否则，视为没有启用、等待广告费投入的状态。上年投入广告费，今年没有对该市场再投入广告费，表示放弃这个市场，明年想要再进入该市场，需要对该市场重新进行研发。

如果计划在第四年进入国内市场，企业可设计几种投资方案呢？

当企业进行市场研发时，需考虑的因素有：战略计划；当年现金流是否顺畅；在当年利润不高的情况下，研发费支出是否会进一步影响所有者权益金额，从而影响贷款信用（详细内容见第四章财务融资部分）；CMO 是否出现市场研发的疏忽等。

因此，CMO 可制作一些有关研发时间的方案表，以备所需（见表 3.2）。

表 3.2　　国内市场投资方案表

	方案 1	方案 2	方案 3
第一年	1M	1M	
第二年	1M		1M
第三年		1M	1M
投资结果	在第三年可进入	在第四年可进入	在第四年可进入

二、产品质量认证 ISO 的研发

企业模拟经营中有两种资格认证，即 ISO9000（9K）和 ISO14000（14K），各需要 1Y、2Y 的研发期和 1M、2M 的研发总费用。这两种认证的研发对后期选择订单有很大作用，因为没有研发该认证的企业就不能选择有相应认证要求的订单。

是否选择研发和选择何时研发，需要企业的 CEO 和 CMO 做好市场预测分析（预测图中会有一定的说明），配合企业的选单战略。ISO 认证一经研发完成，即可随时在选择销售订单时使用，不受停用后重新研发的限制。

若 CMO 预计 ISO9000 认证要求在第四年的订单中出现，如果企业在第一、第二年开发，就会影响到前期的利润；若选择在第三年开发，第四年刚好可以使用，则属计划合理；若 CMO 没有估计出第四年出现的认证要求，一直没有研发 ISO 认证，就可能会错失选单良机。

三、产品研发

只有拥有产品的研发技术，完成研发后，才能到市场上竞争该产品（产品的研发规则详见第三章第二节），否则视为无效。

例如，Ruby 的开发需要 6Q，如果从第一年的第一季度就开始开发，到第二年的第二季度开发完毕，也只能在第三年年初参与竞价（竞价是在年初操作），第二年的第三季度虽有了竞价资格，但企业已经来不及参加年初的订货会。因此，CMO 一方面应注意不要浪费广告费，另一方面，产品的研发可以从第三季度开始投入，从而很好地控制现金流。

第三节　认识销售订单

企业模拟经营中的销售订单（简称“订单”），就是企业在订货会上争取到的将要卖出的产品种类及数量。如同现实中的订单一样，企业需分析订单上规定的产品、数量、交货期等因素，以便安排生产，再将产成品按照订单要求销售，得到销售收入，为企业注入资金流。

工业沙盘模拟中，销售订单有普通订单、ISO 订单和加急订单三种类型。

一、普通订单

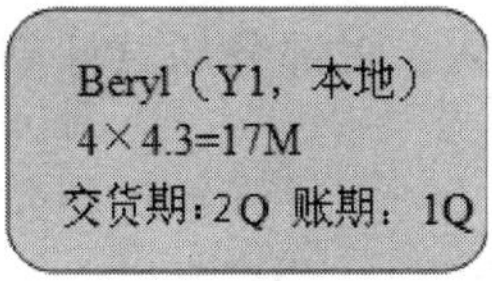

普通订单的基本元素有（以左图为例）：

- 选单时间（Y1）和选单市场

（本地市场）。

● 订单数量、单价与总金额（4 个，4.3M/个，17M）。企业按订单数量，4 个 Beryl 交货，按总金额 17M 计算销售收入（不考虑增值税）。

● 交货期（必须在第二季度按订单量售出 4 个 Beryl）。

● 账期（第二季度交货销售后，获得 17M 的销售收入，放在应收账款 1Q 处，同年第三季度收得现金）。

二、ISO 订单

Beryl（Y1，本地）
4×4.3=17M　ISO9000
交货期：1Q　账期：1Q

同前例，ISO 订单和普通订单的不同之处在于多了对 ISO9000 的要求。因此，只有研发了 ISO9000 的企业，才有资格去争取有 ISO 认证规定的订单。

一般而言，有 ISO 认证要求的订单，其销售额也会较普通订单高，就如同在现实中名牌产品或有认证资格的产品的售价相对其他产品较高一样。

三、加急订单

Beryl（Y1，本地）　加急!!!
4×4.3=17M
交货期：1Q 账期：现金

订单上若出现“加急”二字，表示这是一张加急订单，如同现实中客户急需货物而要求供货商尽快提供货物的情况一样。

相对于普通订单，加急订单应注意：

● 企业在拿到订单后的该季度（也就是第一季度）交货。

● 交货后立即收到现金，作为销售收入。大部分加急订单都是交货后立即收到现金。

选择加急订单的时机

一般而言，以现金形式入账的销售额有利于企业的资金周转。因此，CMO 选单前应该清楚库存产品和生产状况能否满足该张订单在第一季度交货的要求，不要错失此单。否则，即使拿到此单，也会因无法交货而被罚款，造成损失。

第四节　年度订货会——投放广告费与争取订单

模拟经营的每年年初，市场都会组织一次年度订货会，邀请每个企业的 CMO 参加，投递广告单，为企业竞得一年的销售订单。

一、广告单

在模拟经营过程中，企业需在每年年初，针对各类市场和各种产品用现金投放订单招标费，也就是俗称的“广告费”，以获得选取订单的权利。CMO 的核心工作便是填好广告投放单，争取某种产品的订单。

如要取得本地 Beryl 或是区域 Crystal 的订单，就在对应的空格内填写自己认为合适的订单招标费用，然后按照选单顺序进行选单（如表 3.3 所示）。

表 3.3　　广告投放单（部分）

年度	市场类别	Beryl	Crystal	Ruby	Sapphire
第 N 年	本地	3			
	区域		2		
	国内				
	亚洲				
	国际				

订单招标费（广告费）

订单招标费以本年度在所有市场、所有产品上投入的广告费总和计入“综合费用——广告费”中。广告费的多少会直接影响企业的现金流和利润，这就需要CFO在上一年结束之时对下一年度的所有费用作出准确的预算。

除了对自己企业进行分析，投放广告费时还需要研究竞争对手的战略及其CMO的投单风格、其他企业的研发情况及现金流情况等，争取以最低成本求得最大效益。

二、选单权——规定选单顺序

在年度订货会上，交上广告费后，各位市场总监就需要等待市场发放订单，并按照一定的规则和按市场、分产品的顺序选择订单（如图3.3所示）。

本地：Beryl→Crystal→Ruby→Sapphire

↓

区域：Beryl→Crystal→Ruby→Sapphire

↓

国内：Beryl→Crystal→Ruby→Sapphire

↓

亚洲：Beryl→Crystal→Ruby→Sapphire

↓

国际：Beryl→Crystal→Ruby→Sapphire

图3.3　选单顺序

组织者需要按规则确定和控制选单的程序，并记录下各企业（小组）的选单情况，确定每个市场和产品占有份额最大者（俗称“老大”）。获得老大地位的企业能够在下一年度对该市场上的产品有优先选单权，但前提是必须投入一定的广告费，否则视为放弃该产品或市场的选单权。

1. 第一年的选单顺序——按广告费金额高低确定排行

第一年，各企业进入本地市场，此时只能竞争不需研发的产品 Beryl 的订单。获取订单的顺序是依据企业对其投放广告费金额的多少决定，金额最高者优先选单，依次排序。

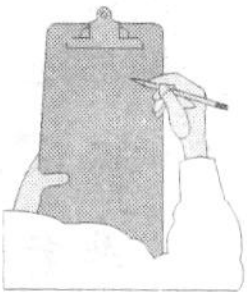

表 3.4 反映了 A、B、C 三个企业（小组）在本地市场 Beryl 产品上投放广告费，则选单顺序依次为 B、A、C。假设它们分别获得销售金额为 25M、15M 和 10M 的订单。

表 3.4　　第一年本地市场订单招标板

小组（第一年 本地）	Beryl	Crystal	Ruby	Sapphire	合计
A	2				
B	4				
C	1				

2. 第二年起以后各年的选单顺序

从第二年起，每年都会有一个新市场开放，依次为区域市场、国内市场、亚洲市场和国际市场。新市场均提供竞争“老大”的机会，即按广告费高低排序。而以前在有老大的市场，除老大投入广告费优先选单外，其他企业的选单顺序需按一定的要求排定。

规则规定，对单个产品在某市场投入1M的广告费，有获取一张订单的可能；投入3M，有第二轮选单机会；投入5M，有第三轮选单机会。以此类推。

● 若某市场某产品的销售订单数量小于竞争订单的企业数量，即供小于求，则按排序高低只能进行一轮选单。因此，有的企业可能因广告费太低，排在后面而失去选单机会。

● 若某市场某产品的销售订单数量大于或等于竞争订单的企业数量，即供大于求，则每个有需求的企业都会在第一轮选单中获取到订单。单个产品在某市场的广告费大于3M的企业根据排序还能有第二轮选单机会，即在该市场该产品上可能获取至少两张订单。

非老大者在同一市场、同一个产品上投入的广告费用相同时，按照投入本市场的广告费总额确定选单顺序，高者优先。如果该市场广告投入总量相同，则按上年在该市场各产品订单销售总额的排名次序确定选单顺序，排前者先选。

(1) 细分市场细分产品选取销量老大

续上例：第二年本地市场广告费投入情况如表3.5所示，本地市场选单，Beryl选单顺序为B、A、C，因为B组是第一年的老大，所以不管投多少广告费B组都可以优先选单，其余小组按广告费高低排序。由于A组投入广告费3M，若市场在三组第一轮选单后还有订单，只有A组有权第二轮选单，选单后A组的销售总额就有可能超过B组，从而获得下一年在本地市场Beryl产品的优先选单权，俗称“翻老大”。

表 3.5　　　　第二年本地市场订单招标板

小组（第二年 本地）	Beryl	Crystal	Ruby	Sapphire	合计
A	3	2			
B	1	3			
C	1	4			

（2）细分市场不细分产品选取市场老大

从第二年起，本地市场由上年该市场所有产品销售总金额排名第一者即市场老大，优先选单。同时，由于第二年开启了区域市场，其选单顺序按第一年的进行，以此类推。

市场老大在该市场的产品上无论投入多少广告费，都是第一个选单，但是如果没有在该产品上投入广告费，则表示放弃选单。

续上例，因为B组为本地市场老大，则B组在本地市场上对 Beryl 和 Crystal 都有优先选单权，其中，对 Crystal 有第二轮优先选单权。

一般而言，抢得了市场老大地位的优势在于，下年度优先选大额订单，可以确保下年的销售收入最大，进而争取到再下一年的优先选单权。若某企业想要稳当市场老大，就必须熟悉规则，全力维持；否则，会因自己产品不够而无法选单或广告费太少丧失二次选单机会等原因让其他企业在当年的市场上销售额最大，从而失去市场老大的地位。

CMO 可以自行判断自己是否有第二轮选单机会，思考在第二次选单时应该如何选择。一般而言，有二次选单机会就应尽量关注订单单价，可选择两张数量加总与最大单数量一样但总金额高于最大单金额的订单。

3. 竞价

在企业模拟经营中，当两个或两个以上的企业在本地市场某产品广告费投入相同、该市场总广告费相同、上年销量也相同的时候，若其选择同一张销售订单，则需要竞价取单，俗称“竞单”，类似于竞标。

竞单者需参照所需订单，不改变其销售量，降低总金额或延长账期。降低收益较多者赢得该订单。裁判判定竞价订单的归属先依据销售金额孰低。若相同，再依据账期孰长判断；若相等，需再次竞单。

获得竞价订单的企业要按照竞价填写销售金额和账期。

假设 B、C 组在国内市场上对 Sapphire 的某张订单进行竞单，情况如表 3.6 所示。

Sapphire（Y3，国内）
2×7.5=15M
账期：现金　交货期：1Q

表 3.6　　竞单方案表（√表示竞单成功）

	情况一			情况二		
小组	B	C（√）	B	C（√）	B	C（√）
金额（M）	15	14	14	14	15	14
账期（Q）	3	3	2	3	3	2

三、市场总监投单风格

不同的 CMO 在投入广告费和选取订单的时候，风格各异，其带来的财务后果也各异。

1. 激进型：经营期初抢占“老大”

● 优势：抢到老大后，在后来的订货会中可节省较多广告费，增加利润。

● 劣势：风险较大。即使投入了较多广告费，但并不能保证能抢到老大，从而导致利润急剧减少。

● 注意：分析对手情况，确定企业投入广告费之前应做好财务预算。

2. 稳健型：经营中期积蓄实力抢“老大”

● 优势：避其锋芒，不浪费广告费并保证自己的利润，蓄势待发。

● 劣势：经营初期订单利润较低，错失蓄积力量的时机。

● 注意：考虑用中等数量的广告费选取金额较好的订单，并做好融资预算。

3. 保守型：不抢老大，只拿最优单

● 优势：经营后期，市场通常处于供大于求的状态。根据自己的生产情况，投放合理的广告费，选取适当的销售订单，稳健经营。

● 弊端：过于保守的策略无法激发企业的经营潜力。

● 注意：分析对手的研发情况，做好财务特别是贷款预算以保证现金流畅通和有较高的所有者权益。

四、选择订单

在拿到订单之前，企业首先要做到对交货量与交货期心中有数，这需要在 CEO 的统筹规划下，CMO 和 CPO 通力配合。同时，选单是一个很紧张的过程，所有的 CMO 都必须全神贯注，面对某市场所有订单同时出现在眼前时，应保持较为清晰的头脑并做好面对失误的心理准备。

经验积累——选单的一般规律

● 清晰把握市场选单规律，迅速反应。若企业经营前期资金较为充足，CMO应集中关注订单“金额”处，尽可能选择金额较大订单。若企业缺乏库存产品，则CMO的注意力应集中在订单的“数量”和“单价”上，尽量选择满足自己产品数量且单价高的订单。

● 经营后期适当分配选单方向，投单不宜过于集中。在选单前，企业需考虑其前期经营的库存产品是否足以满足后期市场的销售。若需要在未来市场抢得老大地位，企业需预算前期应留存多少库存产品。

● 留意竞争对手的情况，巧选“无奈单”。CMO可以预估竞争对手所需订单，在保证自己的销售额和选单顺序允许的情况下先选中该订单，扰乱对手的选单计划，让其无可奈何，望“单”兴叹。

选单技巧

● 为争老大，大量投入广告费。即便没有抢到老大的位置，也可以排在选单前列，拿到较大销售金额的订单。

● 追随者选单。既不争取老大，也不愿排在选单队伍的末尾，那么广告费就应该保持在市场中等水平。

● 欲“翻老大”者，以研发对手尚未开发的产品来投单，用产品差异抢得老大地位。例如，A组为本地市场老大，A、B两组在本地市场上的广告费投放情况如表3.7所示：

表 3.7

小组	Beryl	Crystal	Ruby	Sapphire	合计
A 组（老大）	1	3			
B 组	2	3	3		

A 组获取的是 Beryl 和 Crystal 两种产品的销售量，而 B 组可以获得三个产品的销售量，极有可能将 A 组的老大地位翻掉。这也说明了，打算争夺老大地位的企业，一定要有自己的战略优势，并合理投放广告费以保证可以取得订单。

五、获取订单

订单选择完成之后，CMO 应及时填写订单登记表，记录订单所示的市场、产品、数量、账期、销售额、成本、毛利、出售情况等项目。订单登记表可以帮助企业将产品的信息整理出来，在该年每个季度交货时一目了然，不易出错。

填完订单登记表，CMO 应与 CPO 核对，以确定该年是否会出现订单违约情况。如有，应及时与 CEO 沟通，调整生产、财务等计划，尽量将损失降到最低。若等到运营中期才发现企业无法按时交货（运营记录表的顺序不允许倒回操作），不仅利润受到影响，还会影响整个小组的士气。

第五节　销售——按订单交货

当企业生产出的产品数量达到订单要求的数量后，就可以在“按订单交货”这一步骤交货。交货时，由 CMO 按订单上的数量把产品交到交易区处以示交货，并换回相应销售金额的应收账款或现金。

一、交货期

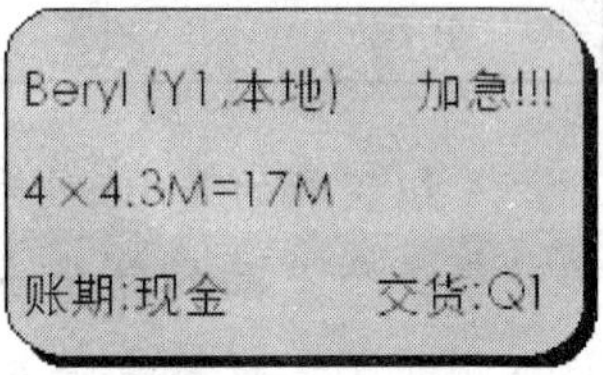

对于有交货期限制的订单就应该按照交货期严格交货，既不可以提前交货也不可以延迟交货。

若该订单没有交货期限制，则企业根据库存，选择时机按销售订单上的数量一次性交货。在一个会计年度内，当年拿到的销售订单，必须在当年全部交货。加急订单必须于第一季度交货；否则，视为违约。

二、订单违约

没有按时交货或没有在当年生产出足够数额的产品而不能交货，称之为订单违约。订单违约表示该订单报废，不仅无法获取该订单所示销售额，还必须根据订单的总金额按一定比例支付违约金，记为其他费用。

一般情况下，违约金为订单销售额的 1/5 到 1/3 不等。一旦出现订单违约，不仅会对企业的利润造成影响，也会影响库存和企业的销售量排名，进而影响下一年度的订单取得。

要使订单按时按量交货，就需要 CMO 与 CPO 配合，充分了解本企业的产能和存货数量，以便 CMO 在选取订单的时候合理分配和组合。

至此，市场总监 CMO 的一个业务流程已经完成，待下一年的订货会上再夺市场，再抢订单。

第四章

采购与生产

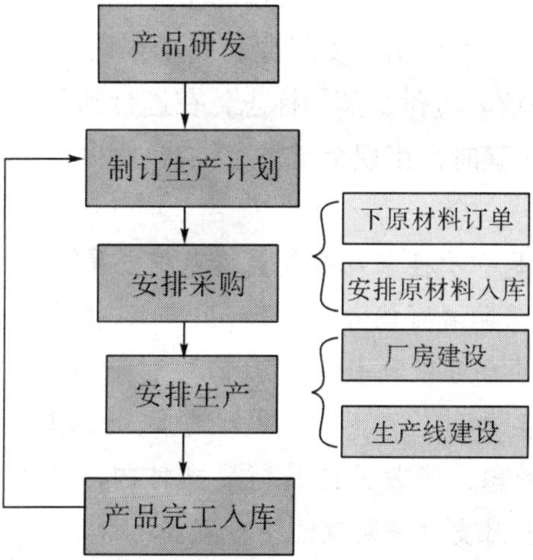

图 4.1　生产总监工作流程图

第一节　采购

一、原材料介绍

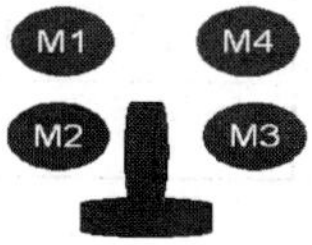

原材料（Material，M）是指用于生产产品的基础物料。在企业模拟经营中，一共设有四种原

材料，分别是 M1、M2、M3 和 M4，四种原材料都以蓝色币表示。

每种原材料的价格（原材料单位成本）均为 1M。当采购原材料时，若一次性采购数量较大，则会给予一定的优惠。企业模拟经营采用的是根据一次性采购数量，递延采购款应付账期的方式（参看规则）。

若一次性采购的数量达到 7 个，那么企业不需立即支付现金，可以延缓一个季度付款，即形成账期为 1Q 的应付款（见表 4.1）。负责采购的生产总监需告知财务总监准备下一季度用于支付原材料的采购费用（即在盘面应付账 1Q 处，放入应付金额的标志，在进行到下一季度“更新原材料订单”步骤时，用现金支付应付款）。

是不是一次性采购的数量越多越划算？

有些采购者可能考虑到短期内一次性采购数量大，是比较划算的。因为可以延长应付款的支付账期，延迟现金支付；或者等到产品售出后，用得到的货款进行原材料采购的支付。但同时需要考虑，货款最终是需要支付的，且售出产品后得到的货款能否及时支付采购款还不一定。

表 4.1

一次性采购数量	形成应付款账期
≤4 个	现金
5 ~ 8 个	1Q
9 ~ 12 个	2Q
13 ~ 16 个	3Q
≥17 个	4Q

二、原材料的订购、在途与入库

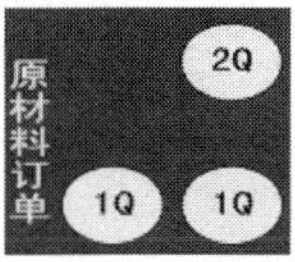

在实物沙盘中，采购区域位于整个沙盘盘面的右上方，由原材料订单区和原材料库区构成。采购操作包括订购、在途与入库三个步骤。

1. 原材料订购与在途

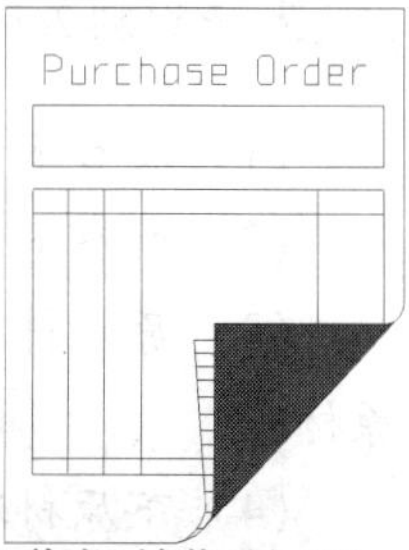

原材料订购与在途又称为“下原材料订单”，是指按照本年（季度）的生产计划计算所需要的原材料数量，提前下原材料采购订单。下订单和材料入库之间的时间差称为订货提前期（物资在途）。不同种类的原材料，订货提前期不同，M1 和 M2 两种原材料的订货提前期是 1Q，M3 和 M4 两种原材料的订货提前期是 2Q。

在实际操作时，下原材料订单是将代表原材料订单的黄色币放在盘面原材料订单处，待原材料入库时，再将黄色币换成蓝色币放入原材料库中。

订购和在途期间的原材料不是实质上的库存原材料，因此，在原材料入库前，企业不进行原材料货款的支付，也不需计算采购款的应付账期。

为什么要提前下订单？

在生产经营过程中，购买的原材料在运到企业之前需要一定的时间，并不是下了订单后就能立即拿到原材料。因此，企业应该计算出什么时候需要新的原材料，以及需要提前多长时间来订购原材料，才能保证在库存的原材料用完之前有新的原材料补充入库。

2. 原材料入库

● 当原材料运输到企业并进入企业的原材料库时，企业才能真正使用原材料。

● 当原材料入库时，企业应该支付相应的原材料采购成本，支付额为当季度入库的原材料成本。

原材料入库需要注意的一些问题

（1）没有下订单的原材料不能采购入库；

（2）所有下订单的原材料到期必须移入库存；

（3）原材料入库时必须到交易处支付货款，购买已到期的原材料；

（4）下原材料采购订单时必须填写采购订单登记表，然后携带采购总监的运行记录和采购订单登记表到交易处进行登记。

提示：下原材料订单时不需要支付货款，原材料入库时才需要支付现金或开始计算应付款的金额。

同一批次的订单可能有不同种类的原材料，在计算原材料采购形成的应付款金额时，以每期实际入库的原材料数量为一个计算基础来计算应付款金额或是支付现金。例如，某企业在一季度一次性订购2个M1、5个M2和4个M3，此批次总订购量为11个原材料。M1和M2的在途周期为1Q，比在途周期为2Q的M3先一季度入库。因此，第二季度M1与M2入库时，形成7M应付款，账期为1Q。第三季度，当M3入库时，需要支付4M的现金。因此，企业应在第二季度预算第三季度将有4M的现金支出。

3. 变卖原材料

若企业有多余的原材料，可以将原材料变卖给银行（交易组），但变卖原材料的价格为其原值的 1/2，即变卖两个原材料才能得到 1M 的收入。

第二节　产品研发

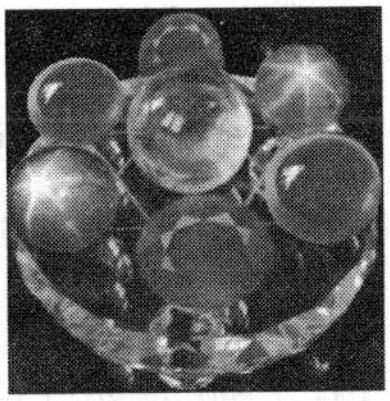

在准备生产前，必须先对待生产的产品（Product，P）进行研发，对其结构有所认识（视具体规则而定）。在企业模拟经营中，规定有四种产品，分别是 Beryl（绿宝石，P1 产品）、Crystal（水晶，P2 产品）、Ruby（红宝石，P3 产品）和 Sapphire（蓝宝石，P4 产品）。

一、分析产品需求

根据市场预测图（见图 4.2）可知，在四种产品中，Beryl 产品由于生产技术水平低，虽然近几年需求较旺，但未来需求

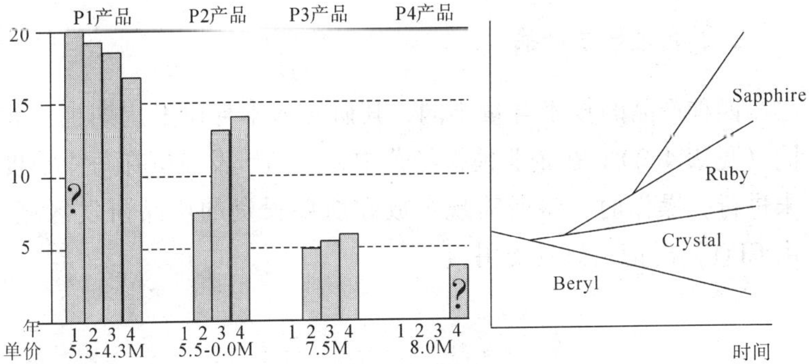

图 4.2　四种产品需求预测图

将会逐渐下降。Crystal 产品是 Beryl 的技术改进版，虽然技术优势会带来一定的增长，但随着新技术的出现，需求量最终也会下降。Ruby、Sapphire 为全新技术产品，发展潜力很大。

二、研究产品构成

不同产品的原材料构成不同，决定了不同产品的生产成本不同，且在市场价格一定的时候，销售产品带来的利润就不同。因此，是开发所有的产品，还是主打某类产品，需要企业根据产品的结构来决策。

例如，Crystal 和 Ruby 的原材料构成如右所示。生产一个 Beryl 的直接成本是 2M（原材料成本 1M + 加工费 1M），因此，两种产品的原材料直接成本均为 3M。而且，Crystal 还要占用一个 Beryl 成品。因此，研发 Crystal 还是 Ruby，或者两者都研发，还需结合企业的资金流情况、市场预测分析、总体战略等诸多因素来考虑，选择产品组合，制订产品研发计划。盲目地研发产品，只会带来广告费的浪费、产能的紧张、资金的压力等限制企业发展的阻力。

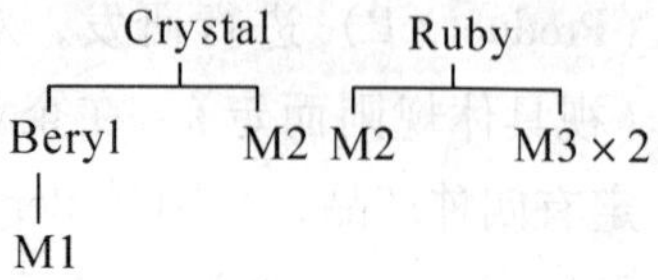

三、合理研发产品

四种产品的技术含量不同，其研发成本与研发周期也不相同（见表4.2）。在企业模拟经营中，产品研发投资在每个季度末进行，操作时，将所需现金放在所要投资的产品研发区域，由 CFO 同时记录研发费用。

表 4.2

产品	Crystal	Ruby	Sapphire
研发时间	4Q	6Q	8Q
研发投资	4M	12M	16M

● Beryl 无需研发，可以直接生产。

● 产品研发完成后，下一季度才能进行该产品的生产。

● 每期应投入的研发成本 = 研发总投资 ÷ 研发时间

● 研发的时间可根据企业的自身决策而定，可以中断投资。

● 广告费可以中断对某个产品的投放，不需重新研发该产品。但广告费不允许中断对某个市场所有产品的投放；否则，视为放弃该市场。

● 每个企业不一定要在某一时段将全部产品研发，可以考虑整个市场的需求量、竞争对手的研发情况和市场实际需求，采取差异化战略进行研发。

第三节　生产环境

在企业模拟经营中，生产环境主要是指厂房的建设。沙盘中有三种类型的厂房，分别是大厂房、中厂房和小厂房。每种厂房价值不同，容量也不同（见表 4.3）。

表 4.3

厂房	购价	租金	售价	容量
大	40M	6M/年	40M（2Q）	4 条生产线
中	30M	4M/年	30M（1Q）	3 条生产线
小	15M	2M/年	15M（现金）	1 条生产线

在起始盘面中，每个企业都拥有一个大厂房，而中厂房和小厂房需要企业根据生产需要自行添置。企业的经营模拟最多允许使用一个大厂房、一个中厂房和一个小厂房。

一般而言，由于资金量的限制，经营前期生产线需要更新，经营中期需要投资生产线以求扩大产能，几乎没有多余的资金来购买厂房，甚至还会出现为了扩大再生产或者不让资金断流而变卖厂房获取资金的行为。但是，没有厂房，就不能铺置生产线进行生产。因此，选择购买还是租用厂房是 CPO 应该思考的问题。

一、购买厂房

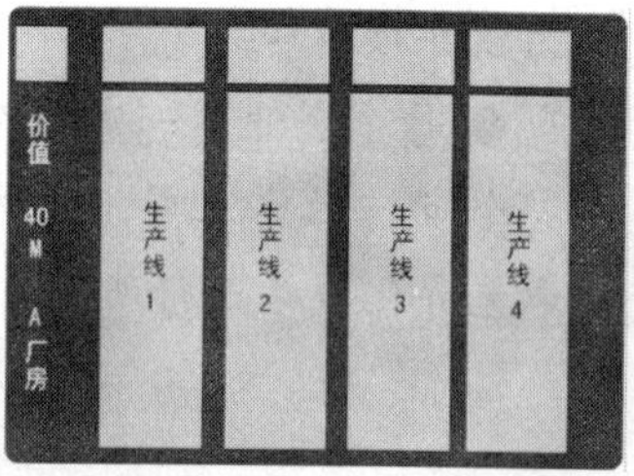

企业购买厂房不需要安装，即支付相应的金额后，就可直接使用。此外，由于模拟经营时间有限，厂房就不需要计提折旧或是缴纳维护费了。

厂房购买的时间是在每年的年末，在举借长期贷款之后操作。购买厂房虽然占用了大量的资金，但是可以节约租金费用，企业可以根据自己的情况进行决策。

二、租用厂房

1. 经营性租赁

经营性租赁（Operation Lease）也就是普通的租用，这是企业模拟经营中采用的唯一租赁方式。一般而言，企业在经营前期，会租用中小厂房。到经营稳定后，企业会购买厂房以展示自己的经济实力，增强自己的投资表现。由于购买是在年末进行，因此，购买当期还是需要支付本年厂房租金的。

2. 售后回租

售后回租（Lease Back）通常是资金周转的一种手段，一般在企业经营中期使用。企业经营中期是资金最困难的时期，当贷款或应收账款贴现都已无法满足资金周转的时候，企业可以考虑卖掉自己拥有的厂房，筹集资金以维持企业的持续经营。

厂房可以随时出售，但是，一旦售出，年末就需缴纳全年的租金（不按实际租用季度来算），企业应该根据出售后获取资金的情况决定何时出售厂房。如 CEO 决定在某年第二季度出售大厂房，由 CPO 从交易区取 40M 放在应收账款 2Q 的位置，第四季度更新应收款时才能将此款收为现金。若之前急需资金，只能按相应账期进行贴现。

变卖厂房是不是必需的步骤?

变卖厂房，意味着企业的资金流十分紧张。因此，实施该决策需谨慎，且需算好时机。因为当企业在年中出售了大厂房，年末不仅要缴纳 6M 租金，加上因出现紧急情况需要贴现产生的损失，至少在当年会增加 7M 的费用。若其他融资方式成本低于 7M，企业应考虑选择其他融资手段。

缴纳租金的三种情况

- 变卖厂房可以随时进行，当企业将厂房卖出时，当年末要缴纳租金。
- 对于每种厂房，若企业采用租用的方式进行生产也要在年末缴纳租金。
- 在年末的时候，若企业将之前租用的厂房买回来，同样需要缴纳当年的租金。

第四节 生产设备

在企业模拟经营中，企业可选择四种类型的生产设备，即生产线。这四种生产线分别是手工线（蓝色）、半自动线（绿色）、全自动线（橘色）和柔性线（黄色）。其中，手工线和半自动线属于中低级别的生产线，全自动线和柔性线则属于高级别的生产线（如图 4.3 所示）。

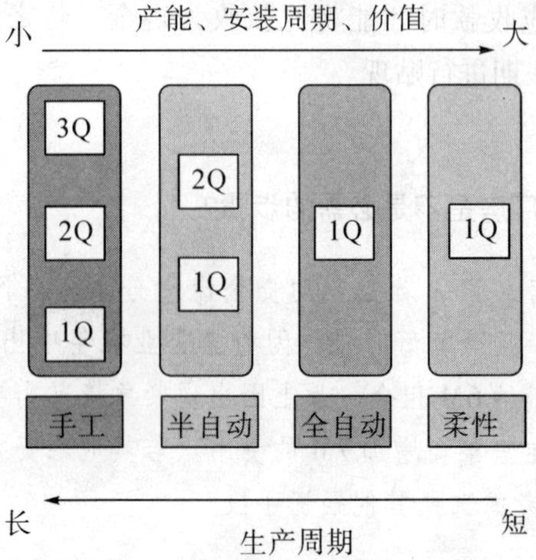

图 4.3 企业模拟经营生产线一览表

一、生产设备的购置与安装

在生产线价值方面，柔性线的价值最大，手工线的价值最小。相应的，柔性线的出售价格最高，手工线的出售价格最低，出售价格按残值金额计入现金。

沙盘中的残值，即会计中的预计净残值（Estimated Residual Value），是指假定固定资产预计使用寿命已满并处于使用寿命终了时的预期状态，即企业从该项资产处置中获得的扣除预计处置费用后的金额。

表 4.4

生产线	购买价格	安装周期	生产周期	转产周期	转产费用	使用年限	维护费用	出售残值
手工线	5M	1Q	3Q	无	无	4 年	1M/年	1M
半自动	10 M	2Q	2Q	1Q	2M	4 年	1M/年	2M
全自动	15M	3Q	1Q	2Q	6M	4 年	2M/年	3M
柔性线	24M	4Q	1Q	无	无	4 年	2M/年	4M

● 安装周期

安装周期是指生产线的建设期。每条生产线都要经过一定的安装期后才可以开始使用。在安装生产线时，先将所要建设的生产线牌子背面朝上平放，然后每期等额投入，待全部投资结束以后再将生产线的牌子翻过来，正面朝上，将投入的货币收齐放于生产线“价值”处，等待提取折旧时使用。

● **生产线每期投入金额=生产线总价值÷安装周期**

例如，新建一条全自动生产线，要经过三个季度的安装期，每个季度将**5M**的现金币（灰币）放在相应的生产线上，以表示进行该生产线的投资，等三个季度的投资都完成后，第四个季度便可以启用该全自动生产线进行生产。

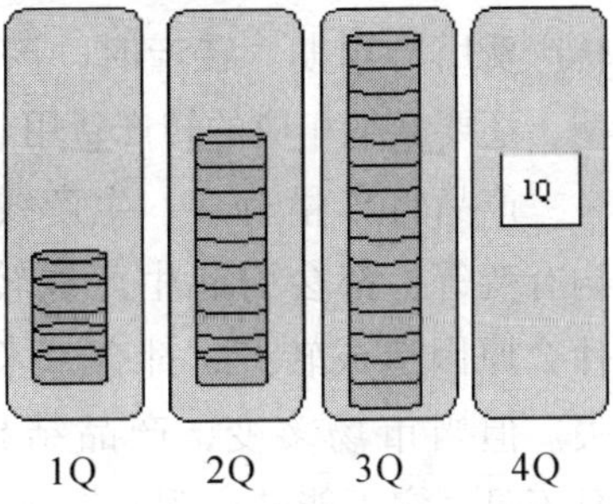

小提示：

● 一条生产线待最后一期投资到位后，下一季度才算且必须算安装完成，安装完成的生产线当季可以投入使用。

● 生产线安装完成后，必须将投资额放在设备价值处，以证明生产线安装完成。

● 安装完成前，生产线的价值投入由CFO记入“在建工程”账户；安装完成后，再由“在建工程”账户转入“固定资产”账户。

● 生产线只允许向设备供应商（交易处）购买，不同企业之间不允许相互购买生产线。

二、生产设备的使用与折旧

1. 生产线转产

生产线转产是指花费一定的资金及时间来完成对生产线生产产品种类的改造。转产周期不同，生产线的使用灵活性也就不同。

在企业模拟经营中，只有半自动线和全自动线的转产需要转产费用与周期。转产时，该类生产线不仅要停产1~2个账期，还要缴纳相应的转产费用。

产品订单量有变、生产线的产能结构有变等，都会引起生产线转产。不管什么原因造成转产，都会带来利益的损失。但当市场多变，产品结构有变时，是不是一定不能转产呢？企业模拟经营提供了可以随时更换产品生产的手工线与柔性线，因此，企业可以根据具体情况，决策生产线的使用。

2. 生产线维护

生产线在安装中，不允许在厂房内或厂房间移动。启用后，若设备上没有生产产品（在制品），则可以随处移动，前提是移至的厂房已购买或者被租用。

生产线的维护费需要在每年年末支付，高级别生产线的生产周期短，存货生产周转快、效益高，其维护费用也相应要高一些。

● 生产线安装结束，企业启用以后，就需要支付相应的设备维护费，无论启用的生产线是否在生产产品。

● 当年变卖的生产线，年末无需缴纳该生产线的维护费。

3. 生产线折旧

● 生产线折旧（Depreciation），采用平均年限法（Straight Line Methold，SL）按年进行计提，折旧费用在年末进行记录。

● 每年折旧金额 =（生产线购买价格 - 残值）÷ 4

● 当生产线折旧已提完，其价值为剩余的残值，此时不再计提折旧，但生产线仍可以继续使用。

● 按生产线的购买价格和残值计算，手工、半自动、全自动和柔性生产线每年的折旧额分别为 1M、2M、3M 和 5M。

折旧注意事项

● 生产线安装完成后使用的第一年不计提折旧，但要缴纳维护费；当年卖出的生产线要计提折旧费用，但不用缴纳维护费。

● 折旧不是现金流出，不影响企业的现金流。在计提时，从生产线价值中取出相应数额的灰币放在综合费用区域“折旧”处。

全自动与柔性线的比较

与柔性线相比，全自动线的优势在于占用资金少。据测算，三条全自动线比两条柔性线的成本少5M，每年折旧费用也比柔性线节约2M。与全自动线相比，柔性线的优势在于转产不用停产以及缴纳转产费。因此，如何运用好它们各自的优势，还需要企业的预算和决策。

4. 变卖生产线

● 变卖生产线时，若尚未提完折旧，仍然需要计提。提取折旧的同时，企业可以得到生产线的残值收入，作为现金放入现金库中。

● 若提完折旧后还有生产线的剩余价值，则这部分价值作为损失记入综合费用的“其他”项目中。

例如，一条全自动线，净值为9M，现将该生产线变卖，则企业可以得到3M现金（全自动的残值是3M），同时提取折旧额3M。剩余的3M价值，记入综合费用中的其他费用。

三、厂房与生产设备的配合

在初始状态中，每个企业都拥有一个大厂房，内置四条生产线，分别是三条手工线和一条半自动线。随着企业的不断发展，企业会逐步对生产线进行更新和新建，而厂房的容量是有限的，因此，在新建生产线的同时会涉及厂房新建，这就需要根据订单的数量、资金的容量等多方面因素综合考虑。

如何合理使用厂房？

一般来说，企业经营前两年的生产线更新，主要是更新大厂房内原有的生产线，即将大厂房里面低级别的生产线换成高级别的生产线。而到了第三、四年的时候，资金比较紧张，企业想要在这个时候新建生产线有些困难，即使可以新建也大多只是新建一条（因为可以考虑先租用小厂房，在小厂房中新建生产线）。到了第五、六年，企业发展到一定程度，可以在中厂房中投资新的生产线。企业还可以选择在第一、二年的时候就租用中厂房，在中厂房中投资生产线，再逐步替换掉大厂房里原有的生产线。

如何选择生产线？

一般而言，企业会以全自动为主，以半自动和柔性线为辅。综合来看，全自动是产能大、成本相对较低的一种生产线。柔性线虽然产能也很大，但是毕竟成本高，折旧额也高，会使企业的所有者权益迅速下降。但柔性线的灵活性更高，在企业产品种类较多、市场预测不准确的时候，可以考虑投资 1 ~ 2 条柔性线以备不时之需。而半自动线虽然成本适中，但产能也适中，且灵活性要比全自动高，在资金紧张的时候可以考虑投资半自动线来协助全自动线进行生产。

四、产品研发与生产线投资的配合

建设生产线的最终目的是为了进行生产，下面就以全自动线为例来说明生产线的建设与产品研发的配合。

由于 Crystal、Buby、Sapphire 的研发周期分别是 4Q、6Q 和 8Q，而全自动生产线的建设期为 3Q，若生产线过早建完，会造成生产线闲置、占用企业资金等影响，甚至会过早地计提折旧，导致企业的权益下降过快，从而影响企业的融资。相反，若生产线太晚建成，则会影响企业的生产计划，使企业不能及时生产出足够数量的产品，从而影响销售额，轻则减少销售收入，重则失去“老大”地位。因此，生产线的建设时间要与产品研发时间相配合，使生产线的配置效率达到最优。

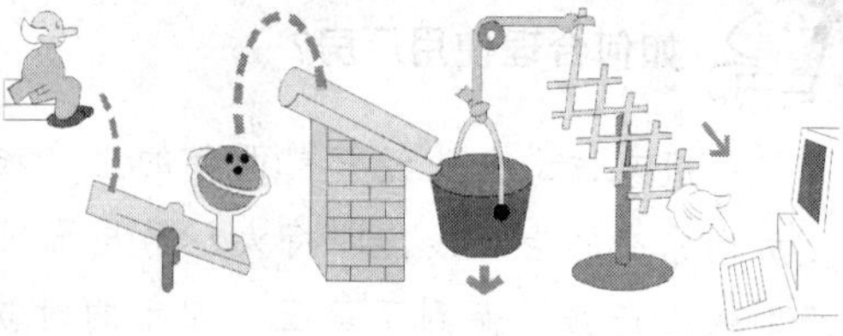

通常来说，若从第一季度就对 Crystal 和 Sapphire 进行研发，由于两者的研发周期刚好是整年，因此，在建生产线的时候，就要从第二个季度和第六个季度（下一年的第二季度）开始投资生产线。这样，在产品研发完成时，生产线的投资也恰好完成，且生产线使用的第一年也不需要计提折旧。

又如，在企业模拟经营中，可以从第一年的第三季度开始研发 Ruby，并在第二年的第四个季度完成；同时，从第二年的第二个季度开始投资全自动生产线，并在第二年的第四个季度完成。这时，企业可在第三年的第一季度投单选择和开始生产 Ruby 产品。

第五节　生产产品

当产品研发结束，厂房和生产设备建好后，就可以开始生产产品了。在企业经营模拟中，产品分为在制品（Semi - Finished Goods）与产成品（Finished Goods）两种。在制品即还在生产线上的产品，也就是尚未完工入库的产品；产成品是指下线放入成品库待售的产品。

一、产品成本

企业模拟经营将产品成本分为直接成本（Direct Cost）和间接成本（Indirect Cost）计算。一个产品的直接成本由材料费和加工费构成（如表4.5所示），间接成本由厂房里的制造费用构成，沙盘实战演练中无需计算间接成本，所发生的支出直接由CFO登记记入综合费用表和利润表中即可（详细内容见第五章——财务与信息）。

表4.5　　　　产品成本一览表

产品	直接材料(M)	加工费(M)	生产直接成本(M)
Beryl	1	1	2
Crystal	3	1	4
Buby	3	1	4
Sapphire	4	1	5

二、生产周期与产能

生产产品，都要经过一定的生产周期（如表4.6所示）。也就是说，当季度生产的产品当季度不能下线入库，至少要经过一个季度生产周期。当产品完工入库后，将生产线上的产品移至产品库中，留待销售。

产能，是指企业所拥有的生产线一年之内能够生产的产品数量。由于每种生产线的生产周期不同，因此其产能也不同（如表4.6所示）。

表 4.6　　　　　　　　生产线产能一览表

生产线	生产周期	使用第一年产能(个)	一般年度产能(个)
手工线	3Q	1	1
半自动	2Q	1	2
全自动	1Q	3	4
柔性线	1Q	3	4

库存量的考虑

当期末库存积压过多，则会占用资金，使资金流非常紧张；而库存过少，会使下一年的订单选取面过于狭窄，甚至出现无法拿单的情况。所以，本年选单以及生产一定要考虑下一年的发展情况，根据自己的情况适当保留一部分库存以备下年使用。

三、制订生产计划

为防止盲目生产，企业需要制订生产计划，以控制产品的生产时间和数量。制订生产计划的主要依据是：以产定销和以销定产。以产定销是指企业先囤积库存，以备销售；以销定产则是根据销售订单的数量来确定生产。在企业模拟经营中，往往需要综合考虑两者来制订生产计划。

1. 以产定销

在以产定销的方式下，选单之前 CPO 将本年每个季度每种产品的数量告知 CMO，以便 CMO 依据产能选单。每个季度每种产品的数量即每个季度下线的产品和库存产品之和。

例如，某企业的大厂房里有四条生产线，每条线上都有一个在产品（见图 4.4）。手工线上为 3Q 的 Beryl，半自动线上为 2Q 的 Crystal，全自动线上是 Ruby，柔性线上是 Sapphire。库存 1 个 Beryl、1 个 Crystal、1 个 Ruby 和 1 个 Sapphire。假设原材料和现金供给充足，该年所有生产线均持续生产，则每个季度每种产品的数量如表4.7所示。

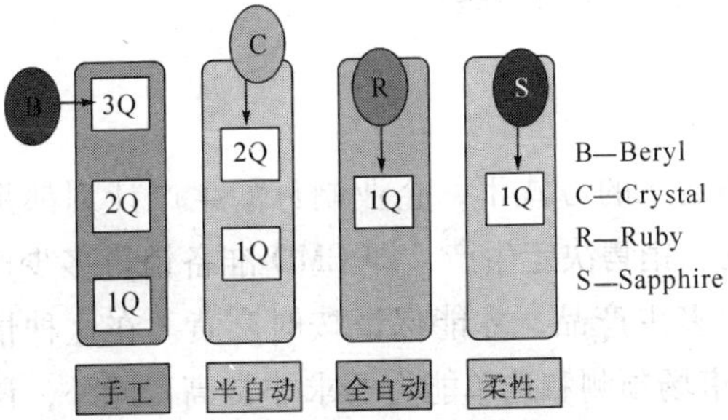

图4.4

表4.7　　完工入库产品数量表

数量 季度 产品	0Q	1Q	2Q	3Q	4Q
Beryl	1	1	1	1+1=2	2
Crystal	1	1	1+1=2	2	2+1=3
Ruby	1	1+1=2	2+1=3	3+1=4	4+1=5
Sapphire	1	1+1=2	2+1=3	3+1=4	4+1=5

有了好的生产计划，每个季度每种产品的数量是多少，要拿什么样的单，能否生产得出来，就一目了然了。举例来说，如果要拿Beryl的单，便只能选总数量为两个或两个以下的单。如果还有交货期的要求，就只能选交货期为3Q及3Q以后的单。但同时，CPO还应提供生产线可转产生产数量的可行性，以确保CMO能够在市场上拿到高利润的销售订单，这也是一般所说的结合以销定产来选取订单。

CMO 在选单时，一定要谨记自己的产能。若订单数量太多，依据企业的产能又无法按时交货，就会使企业痛失获取利润和发展的机会。

2. 以销定产

在以销定产的方式下，企业制订的生产计划都是以市场销售为前提的。销售决定生产，即 CMO 准备销售多少产品，企业就要生产出多少产品，才能保证按时交货。在这种情况下，就对 CMO 的市场预测和选单能力要求非常高。此外，该种方法更适合于进行组间交易的情况下使用。

至此，生产总监 CPO 的一个业务流程已经完成，待下一个季度继续进行采购与生产的安排。

第五章

财务与信息

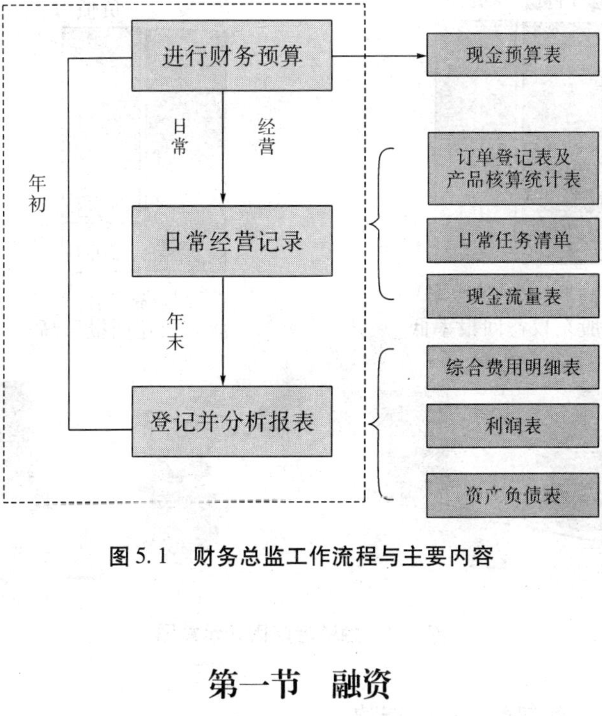

图 5.1　财务总监工作流程与主要内容

第一节　融资

从狭义上讲，融资（Financing）是一个企业资金筹集的行为与过程。也就是企业根据自身的生产经营情况、资金拥有状

况，以及未来发展的需要，通过科学的预测，采用一定的方式，从一定的渠道向企业的投资者和债权人筹集资金，组织资金的供应，以保证正常生产需要、经营管理活动需要的理财行为。

在企业模拟经营中，企业的资金来源主要有三种：贷款、贴现和应收款收现。企业需根据战略发展、所处竞争环境和融资成本（见图5.2）来决策以何种方式获得资金，即以最少的融资成本换取适量的融资金额和最长的融资时效。

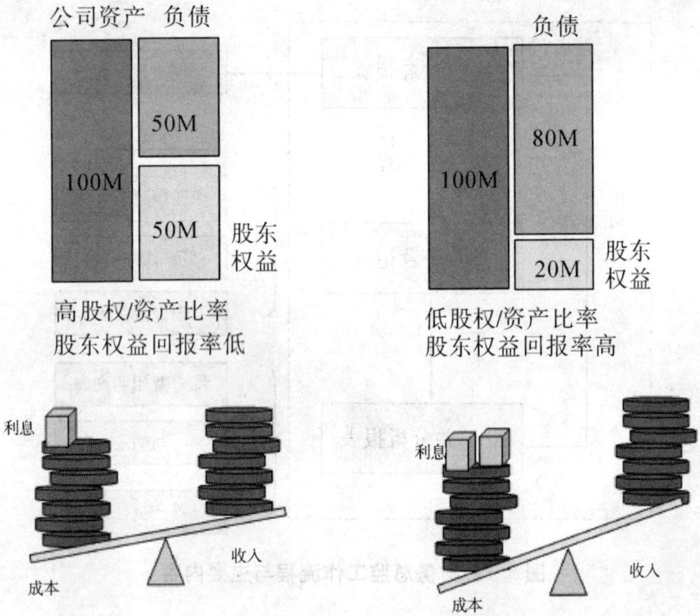

图5.2　融资考虑因素示意图

一、外部融资——贷款

贷款的详细内容如表5.1所示：

表 5.1

	短期贷款	长期贷款	高利贷
定义	短期借款是指企业向银行或其他金融机构等外单位借入的、还款期限在一年或一年以下的各种借款。	长期借款是指企业向银行或其他金融机构借入的期限在一年以上(不含一年)的各种借款。	高利贷是指索取特别高额利息的贷款。
用途	主要用于企业日常的生产经营。	主要用于企业进行生产线的建设、购买厂房等对固定资产的投资。	企业资金短缺时,及时补充企业的现金流。通过高利贷所筹集的资金既可用于日常经营又可用于投资固定资产。
借款时间	每季度初借款	每年年末借款	可随时申请
起贷金额	20M 起贷,以 20 为倍数	10M 起贷,以 10 为倍数	5M 起贷,以 5 为倍数
额度配置	长贷 + 短贷≤2 × 所有者权益		通常有额度限制
利息	5%	10%	20%
利息支付方式	到期还本付息,年末不单独计提。	每年年末都要计提利息,到期还本并支付最后一期利息。	到期还本付息,年末不单独计提。
还款期限	还款期限短,期限为 4Q,还款压力大。	期限长,通常为 6Y,近期还款压力小,但远期还款压力大。	期限短,除最后一年期限为 4Q,还款压力大。
对利润的影响	不影响当年的利润,但会对下一年的利润产生影响。	不影响当年的利润,但会对以后各年的利润产生影响。	不影响当年的利润,但会对下一年的利润产生影响。
备注	不能借新贷还旧贷,即必须归还了上一次借款后,才能举借新的贷款。	可以借新贷还旧贷,即举借新的长期贷款,归还上一期的长期贷款,但是当举借新的贷款时,注意要求是“短期贷款 + 长期贷款”总额不超过上一年所有者权益的 2 倍。	没有限额,但有同一时刻所借最高额度的限制,即不受所有者权益金额的限制,因此可以根据企业的需要自行确定借多少高利贷。

二、内部融资——贴现

内部融资是指企业利用自有资产迅速变现，以获得现金，其主要形式是贴现。贴现常用于票据处理中，是指持票人在票据到期日前，为了取得资金，贴付一定利息将票据权利转让给银行的票据行为，是银行向持票人融通资金的一种方式。所有贴息将计入财务费用，减少当年利润。

在企业模拟经营中，贴现主要表现为以应收账款进行贴现而取得资金。贴现可以分为应收款贴现和厂房贴现两种方式。

1. 应收款贴现

该种方式可随时进行的，将未到期的应收账款转为现金，并支付一定的贴现费用。

贴现比例为：

1Q（账期为 1 的应收款）——1∶12

2Q（账期为 2 的应收款）——1∶10

3Q（账期为 3 的应收款）——1∶8

4Q（账期为 4 的应收款）——1∶6

表 5.2

	案例一	案例二
本期应收账款	16M	14M
账期	4Q	4Q
若在本期贴现则得到现金	14M	14M
贴息	2M	2M
剩余应收账款	16－14＝2M	14－14＝0M

2. 厂房贴现

厂房贴现是指将企业原有的厂房卖出得到应收款后，将其贴现的一种融资方式。厂房贴现实质上也是以应收款来进行贴现，但与应收款贴现不同的是，其用于贴现的应收款来源不同，厂房贴现所用的应收款来源于企业卖厂房得到的应收款，而应收款贴现中所用的应收款来源于产品销售金额。厂房贴现的操作方法、贴现比例与应收款贴现相同。

三、各种融资方式成本比较

企业进行融资，应尽可能降低融资成本。对于短期借款、长期借款和高利贷来说，其融资成本就是年利率；而对于贴现来说，则需要进一步对比计算其融资成本，进而为融资的最优选择提供依据。

例如，对于1Q应收账款来说，其季利率为1/12，因此将其折算成年利率为：

1Q应收账款的年利率

= （1/12）×4 =1/3

同理，可以计算出：

2Q应收账款的年利率

= （1/10）×2 =1/5

3Q应收账款的年利率 = （1/8）/3 ×4 =1/6

4Q应收账款的年利率 = （1/6）×1 =1/6

大厂房融资的年利率 =2Q应收账款的年利率

= （1/10）×2 =1/5

因此，综合来看，各种融资方式的融资成本比较结果为：

1Q应收账款（1/3）>2Q应收账款（1/5）=大厂房融资（1/5）=高利贷（1/5）>3Q应收账款（1/6）=4Q应收账款（1/6）>长期借款（1/10）>短期借款（1/20）

四、融资的一般规律

(1) 当企业权益较高时，采取短期借款或长期借款的方式。

四种融资方式中，短期借款的利息最少，长期借款的利息虽然相对较多，但是与高利贷相比还是较少，且长期贷款在短期内的还本压力小，可以暂时缓解企业的财务风险。

(2) 当企业权益较低且有大量应收款未收现时，采取贴现方式融资。

当企业权益较低时，想通过贷款来解决资金压力几乎是不可能的，此时可以选择的方式只有高利贷和贴现。但由于企业有大量的应收款未收现，企业可以优选考虑贴现，因为贴现利息相对高利贷来说比较少。

(3) 当企业权益较低且应收款较少时，采用高利贷方式融资。

在企业权益较低，应收款金额较少时，企业想通过贷款和贴现来融资是十分困难的。因此，可以选择高利贷方式来筹资。高利贷可以随时借贷，并且当年借入的高利贷不会对当年的利润产生影响，也不会亏损权益。

当年末权益带有 8M 或 9M 时，如何提高贷款额度？

当年末权益带有 8M 或 9M 时，经营决策时可以减少 1～2M 费用，将权益做成 10 的倍数，在下一年就方便在贷款额度内继续贷款了。

第二节　登账与提交报表

登账（Post）和提交报表是 CFO 的任务之一。财务总监必须将企业经营过程中所涉及的各项业务详细登记到相应的账表或账簿系统中，既可用于留档保存又便于企业查找。

在企业模拟经营过程中，CFO 负责登记综合管理费用明细表、资产负债表、利润表和现金流量表，每年末试算平衡后（编制完成）将资产负债表和利润表上交裁判审查。

一、综合管理费用明细表

综合管理费用明细表记录企业各项费用支出，主要用于归集各项综合费用（见表 5.3）。CFO 在登记费用的同时，需按任务清单顺序，将相应的支出（现金灰币）放入盘面上相应的位置。

表 5.3　　**综合管理费用明细表**　　单位：百万

项目	金额
行政管理费	
广告费	
设备维护费	
设备改造费	
租金	
产品研发	
市场开拓	
ISO 认证	
其他	
合计	

综合管理费用明细表的填制方法

● 行政管理费用每个季度支付一次，不论企业是否进行生产都必须于季度末支付。

● 广告费于年初时支付，实际经营过程中将相应数额的广告费放在盘面上综合费用区内的广告费位置即可。

● 设备维护费是企业对已经建好的生产线进行维护而支出的费用。

● 设备改造费（转产费）是企业将已经生产某种产品的生产线转作生产其他产品时而支付的费用。

● 租金是指厂房租金，于年末支付。

● 产品研发费每季度支付一次。

● 市场开拓和资格认证 ISO 于每年末支付。

● “其他”项目用于记录变卖生产线时亏损的金额。

例如，某企业于第三年变卖一条手工线，手工线残值为 1M，第三年时该手工线净值为 3M，变卖时提取 1M 的折旧金额（当期减少资产计提折旧），同时得到残值 1M 的现金；因此，变卖该手工线还有 1M 的亏损，记入综合费用明细表中的“其他”项目。

二、利润表

利润表又称损益表（Income Statement，IS），是反映企业在一定会计期间经营成果的报表。在利润表中，费用应当按照功能分类，分为从事经营业务发生的成本、管理费用、销售费用和财务费用等（见表 5.4）。

表 5.4　　　　　　　　**损益表**　　　　　　　单位：百万

项目	上年	今年
一、销售收入		
减：成本		
二、毛利		
减：综合费用		
折旧		
财务净损益		
三、营业利润		
减：营业外支出		
四、利润总额		
减：所得税		
五、净利润		

损益表上所反映的会计信息，可以用来评价一个企业的经营效率和经营成果，评估投资的价值和报酬，考核企业经营管理人员的工作业绩，分析企业的获利能力，预测企业未来的现金流量，进而衡量一个企业在经营管理上的成功程度。

利润表的填制方法

● 毛利 = 销售收入 − 直接成本

单个产品的直接成本包括原材料价值和加工费，即直接成本 = 原材料价值 + 加工费。

● 折旧前利润 = 毛利 − 综合费用

损益表中的综合费用不需要计算，直接从综合管理费用明细表“合计”栏抄录。

● 支付利息前利润 = 折旧前利润 − 折旧

折旧是指在固定资产使用寿命期内，按照确定的方法对应计折旧额进行系统分摊，它的价值却是按照其在生产中的损耗程度一部分一部分逐渐地转移到产品中去，由产品的销售收入来补偿。计提折旧的理由可以理解为“为了平衡各会计期间的利润”。如果使用同样的设备，又从事相同的工作，那么就应该有相同的利润。计算折旧的方法的具体相关规定详见第四章。

● 营业利润 = 支付利息前利润 - 财务支出 - 营业外支出

财务支出是指利息，包括短期借款利息、长期借款利息、高利贷利息和贴息。

● 税前利润 = 营业利润 - 营业外支出

营业外支出指订单违约时的罚金和其他违规行为的罚金。

● 净利润 = 税前利润 - 所得税

所得税的计算方法需特别注意，通常来说，企业在前几年的经营都是亏损的。因此，当其开始盈利时，要将所得用于弥补以前年度的亏损（补亏）。只有当企业继续盈利，使得所有者权益超过企业的初始权益时，才算真正意义上的盈利，且开始计算所得税，按当年权益超过初始权益部分的25%计算所得税额（向上取整），于下一年年初缴纳。

例如，某企业的初始权益为60，第一年权益为54，第二年权益为68，则该企业第一年不需要缴纳所得税。第一年权益为 $54 < $ 初始权益 $= 60$；第二年需要缴纳所得税，第二年权益 $68 >$ 初始权益 $= 60$，第二年的所得税额为 $(68 - 60) \times 25\% = 2$。

注意：在编制利润表时，应重点注意财务支出和折旧两个项目。对财务支出的组成和折旧的计算方法重点把握。

三、资产负债表

资产负债表（Balance Statement，BS）是反映企业在某一特定日期财务状况的报表。它反映企业在某一特定日期所拥有或控制的经济资源、所承担的现时义务和所有者对净资产的要求权。资产负债表可以反映企业资产、负债和所有者权益的全貌，并由经典公式“资产 = 负债 + 所有者权益”（Assets = Liabilities + Owner’s Equity）控制平衡（Balance）。

通过编制资产负债表，可以反映企业资产的构成及状况，分析企业在某一日期所拥有的经济资源及其分布情况；可以反映企业某一日期的负债总额及其构造，分析企业目前与未来需要支付的债务数额；可以反映企业所有者权益的情况，了解企业现有的投资者在企业资产总额中所占的份额（如表 5. 5 所示，在企业模拟经营中，资产负债表中资产和负债部分必须和实体盘面相符，做到账实相符）。

表 5. 5 **资产负债表** 单位：百万

资产	盘面位置		负债 + 权益	盘面位置	
流动资产			负债		
现金	现金区	40	长期负债	长贷区总和	0
应收款	应收账区总和	0	短期负债	短贷和高利贷区总和	20
在制品	生产线上未完工入库产品	8	应付款	应付款区总和	
成品	成品库	6	应交税	应交税区	3
原料	原料库	3	总负债		23
总流动资产		57			
固定资产			权益		
土地和建筑	厂房价值	40	股东资本	11=7+4	64
机器和设备	生产线净值总和	8	利润留存		11
在建工程	未建好的生产线价值		年度净利		7
总固定资产		48	所有者权益		82
总资产		105	负债 + 权益		105

资产负债表的组成及编制方法

● 股东资本（Capital）是指股东在公司中所占有的权益。

● 利润留存（Retain Earnings）是指企业生产经营所获得的、留存在企业尚未以股利形式分配给股东的利润。留存利润是企业历年累积起来的，是企业的累积资本。

当年末（本年）的利润留存

=年初(上年)的利润留存+年初(上年)的年度净利

● 年度净利（Net Profit）即是利润表中的净利润数值。

四、资产负债表与损益表的联系

在资产负债表和损益表中，存在着勾稽关系（见图5.3），又称对应关系（Reconciliation），是在编制会计报表时常用的一个术语，是指某个会计报表与另一个会计报表之间以及本会计报表项目的内在逻辑对应关系，如果不相等或不对应，说明会计报表的编制有问题。例如，在编制资产负债表时，固定资产净值应等于固定资产原值扣除累计折旧。

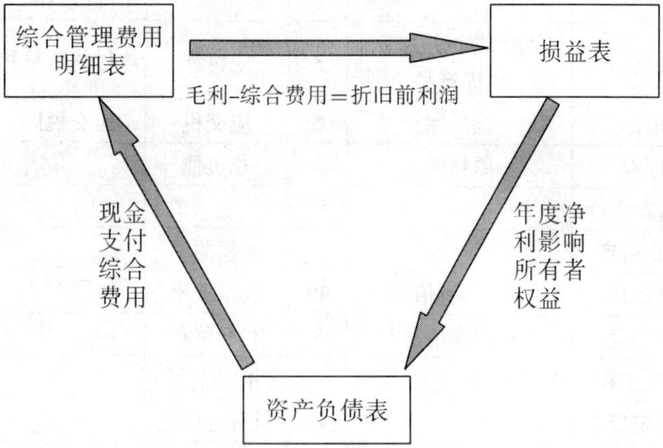

图5.3 资产负债表、利润表和综合管理费用明细表的关系图

在实际经营时，可以根据以下公式来检查所编制的报表是否正确：

- 总资产年初数 = 负债年初数 + 权益年初数
- 总资产年末数 = 负债年末数 + 权益年末数
- 应收款年末数 = 应收款年初数 + 销售收入 - 应收款收现金额 - 贴现金额 - 贴息
- 机器设备年末数 = 机器设备年初数 + 当年建成工程 - 变卖生产线净值 - 当年折旧金额
- 资产负债表中应交税金额 = 利润表中所得税金额
- 利润留存年末数 = 利润留存年初数 + 年度净利年初数
- 资产负债表中年度净利年末数 = 损益表中净利润金额

五、财务分析

财务分析是财务管理工作的基础工作之一。其目的在于分析、评价企业的财务状况和经营成果以及现金流动情况，考察企业经营活动和财务活动的利弊得失，以便进一步分析企业未来的发展趋势，为改进企业财务管理工作和优化经济决策提供重要的财务信息。

年末，CFO 将报表填制完成，并对其数据进行财务分析，了解本企业的偿债能力、资产运营能力、盈利能力以及现金流量情况等，分析及预测企业现在与未来的经营状况。

1. 横向分析

根据报表中的数据可以计算财务比率进行横向分析，以了解本企业的偿债能力、资产运营能力、盈利能力等。

（1）短期偿债能力，衡量企业对即将到期债务的偿还能力。

- 流动比率，衡量资产的流动性。

流动比率 = 流动资产 ÷ 流动负债

= （现金 + 应收款 + 存货 + 库存产品 + 在制品 + 原材料） ÷ （短期借款 + 应付款 + 应付税）

● 速动比率，衡量企业流动资产中可以立即变现用于偿还流动负债的能力。

速动比率 =（流动资产 − 存货 − 待摊费用）÷ 流动负债总额

=（现金 + 应收款）÷（短期借款 + 应付款 + 应付税）

（2）长期偿债能力，衡量企业对未来到期债务的偿还能力。

● 资产负债率，表明公司的资产中有多少是通过举债融资的。

资产负债率 = 负债总额 ÷ 资产总额

● 已获利息倍数（利息保障倍数），该比率用于测算经营收益能够保证利息费用的倍数，可以反映获利能力对债务偿付的保证程度。

已获利息倍数 = 息税前利润总额 ÷ 利息支出

= （营业利润 + 财务净损益） ÷ 财务净损益

（3）资产运营能力，企业经营管理中利用资金运营的能力，一般通过企业资产管理比率来衡量，主要表现为资产管理及资产利用的效率。

● 存货周转率，是指一年之内存货周转的次数，该指标的高低反映企业存货管理水平的高低。

存货周转次数 = 2 × 销货成本 ÷ （年初存货总额 + 年末存货总额）

● 应收账款周转率，测算公司从赊销客户处收回现金的能力。

应收账款周转率 = 2 × 销售收入 ÷ （年初应收账款总额 + 年

末应收账款）

一般来说，应收账款周转率越高，说明企业的收款能力越强，经营状况越好。

（4）盈利能力，公司经营的基本目的就是赚取利润，只有保持持续的盈利能力才能使企业持续经营下去。

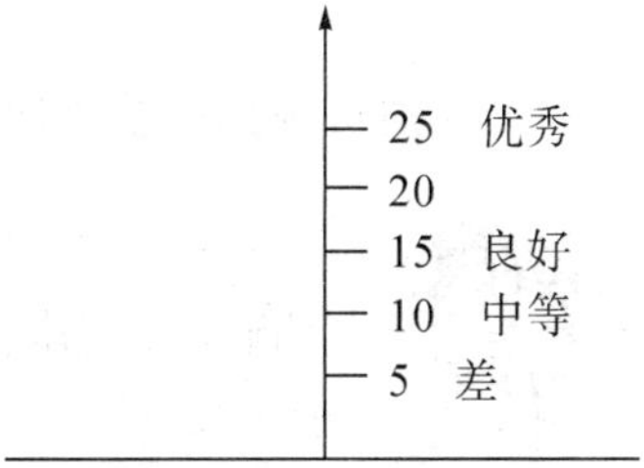

● 销售利润率，大体显示出产品的成本和售价的水平。

销售利润率 = 营业利润 ÷ 销售额

● 总资产报酬率，简称资产报酬率，用于测算公司是否成功运用其资产以赚取利润。

总资产报酬率 =（利润总额 + 利息支出）÷ 平均资产总额

2. 纵向分析（趋势分析）

纵向分析（Trend Analysis）是指将企业当年数据与历年数据进行对比，以分析企业的发展趋势。通过纵向分析可以了解企业财务状况和经营成果变动的主要原因，有助于企业认清形势，预测企业未来发展趋势。

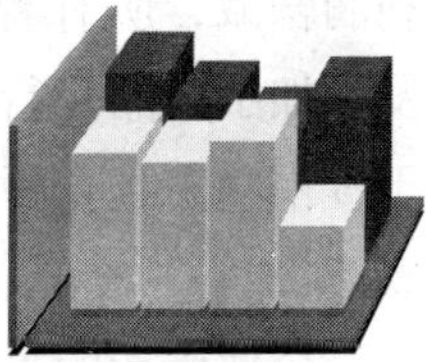

上述两种分析方法都是以财务报表中的数据为基础。但财务分析是对财务报表等会计资料以及其他经济资料进行全面系统的分析。任何一张财务报表或仅仅依靠分析某些财务指标都很难对企业的财务情况作出全面、准确、客观的评价。因此，只有结合多种方法，才能全面、系统地综合分析和评价企业的各项财务活动。

第三节 现金预算

一、财务预算的重要性

在企业沙盘模拟中，在资源有限、竞争激烈的情况下要想求得生存，要保证不破产，就必须做好财务预算。

企业破产的标志是权益为负或者是现金断流。

企业经营的前几年，通常都会进行生产线改建、扩建，产品研发与市场开拓，再加上市场销售额不如后几年，因此，一般来说，前几年企业的所有者权益下降很快。此外，企业进行扩建的同时，长、短期的贷款产生的每年的借款利息也加剧了所有者权益的下降。而经营至第三、四年，往往是企业破产的高峰期，这时由于经过了前面两三年的投资生产，费用过多，利润剧减，所有者权益也急速下降，再加上产品研发、市场研发、加工产品及行政管理费等费用的不断支出，使企业一直处于亏损状态且扭亏无望。长期亏损使企业资不抵债，只好宣布破产。

企业破产的另一个原因就是现金断流。企业在前几年新建生产线时通常会借入很高的贷款。在沙盘模拟实战给定的初始状态中，分别有 20M 的中期长贷，到了第三、四年每年末都要还本付息，再加上到期的短期贷款及高利贷，企业光利息开支就会急速增加。此外，除了偿还到期贷款，企业还必须维持日常开支，这些看起来似乎每一项都不多的开支对经营了三四年的企业来说却是一个沉重的负担，很容易导致企业因不能偿还到期债务，资金链断裂而破产。

做好现金预算尤为重要

经营至第三、四年之所以是企业破产的高峰期，是因为企业受到了资不抵债与现金断流的双重威胁。一方面企业在这两年中权益很低，如果费用控制得不好，会促使权益进一步下降，限制融资渠道；另一方面，企业若拿不到好的市场订单，造成产品大量积压，无法销售，占用现金。同时，各项费用的支出以及贷款的偿还只会使企业的现金更加短缺。企业面临权益和现金两方面的挑战，稍不小心就会走向破产的深渊。因此，在企业模拟经营中做好现金预算就显得尤为重要。

二、如何进行现金预算

在企业模拟经营过程中，CFO 要密切注意现金流，钱从哪里来又流到哪里去都要想得一清二楚。做预算就是要做到未雨绸缪，防止现金断流。通过做预算可以找出企业的资金缺口，并巧用融资方法。现金预算可以按照企业模拟经营的过程即实际走盘的顺序进行，也可以按照现金流入与流出两个方面来做预算，还可以两种方法结合使用。

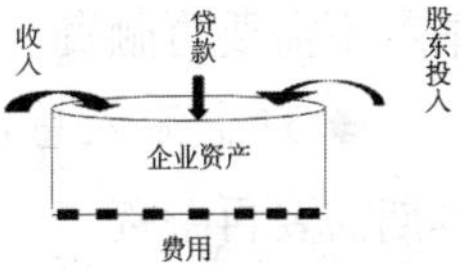

1. 按企业模拟经营的过程做预算

按企业模拟经营的过程做预算，是指现金预算表中的各项目顺序与企业日常经营任务清单中各项任务的顺序一致，企业每进行一步经营带来的现金变化，都要在现金预算表中有所反映。具体如下：

(1) 经过的步骤若不涉及现金，用“√”等标记记录。

(2) 在收入或支付现金的对应栏目填写相应金额。

现金收入，如零账期订单销售收入、收到到期应收款、应收款贴现、变卖小厂房等。

现金支出，如市场广告投入、原料采购支付现金、生产线投资、加工费用、产品研发投资、支付管理费用等。

● 该种方法的优点是：及时了解企业在何时资金不足，以保证在模拟经营的过程中不出现现金断流。

● 但是这种方法也存在一定的缺陷：对企业资金缺乏总体规划，需要现金时就支出，现金不足时再想办法融资。典型的按部就班，不能很好地起到预算的实质性作用。

2. 按现金流入与流出做预算

在这种方式下，分别计算本期内现金流入总额与现金流出总额，再分析两者的差额以决定本期是否进行融资，在何时以何种方式进行融资。

● 现金流入总额 > 现金流出量总额，则本期不需要再融资。

● 现金流入总额 < 现金流出量总额，则本期需要再融资。

与前一种方法相比，按照现金流入与流出的方式做预算具有以下优点：

● 该种预算方式可以对防止现金断流起到一定作用。

● 有利于对企业的资金做总体规划。

同样，这种方法也存在一定的缺陷：

● 按照这种方式做出的预算，对现金流入与流出情况分析得很透彻，对总体资金缺口也一目了然，但是对企业具体在经营过程中的哪一时间出现资金紧张情况不清晰，不利于及时防止企业现金断流。

可以看出，上述两种预算方法各有利弊，单独使用任何一种方法都有考虑不全面的情况，因此在企业模拟经营过程中，可以将两种方法结合使用，制作一张融合的预算表来做预算。

这样，既考虑了现金总体规划，又可以有效防止在经营过程中出现现金断流的情况。

三、做预算需要考虑的因素

● 对企业的整体发展规划十分熟悉，尤其是对预算年度的投资计划、研发计划和生产计划要很了解。

例如，何时进行生产线投资，是第一季度就进行投资还是等到第四季度再进行投资？若是第一季度就进行投资，可能会使原本就紧张的资金流更为紧张；但如果等到第四季度再投资，又有可能会影响下一年度的生产。因此，为了不影响下一年度生产计划，CPO 可能会选择在年初时就进行生产线的投资。一旦决定进行投资，那么投资什么类型的生产线呢？是成本较低、效率也低的手工线、半自动线，还是成本和效率都高的全自动线和柔性线呢？不同的生产线其价值不同，在进行投资时，投资时间、研发计划与生产计划都会影响现金流。因此，在做预算时应充分了解企业的整体发展规划。

● 考虑各种影响现金流的因素，如贷款利息的支付期、应收账款的收现期以及需要支出的各项费用等。

贷款支付期越长，企业还款压力越小，企业亦可以有充足的时间来筹集资金；相反，贷款支付期越短，企业的还款压力就越大，企业面临的财务风险也就越大。此外，应收账款的收现期越短，说明企业的资金流转速度越快，对企业的经营越有利，企业可以利用快速周转的资金继续生产。然而，企业需要支付的各项费用会直接影响现金流量。因此，在做预算的时候一定要熟悉各项开发、生产等活动，以便对企业的现金支出与流入做出合理又准确的预算与控制（Control）。

第四节　信息

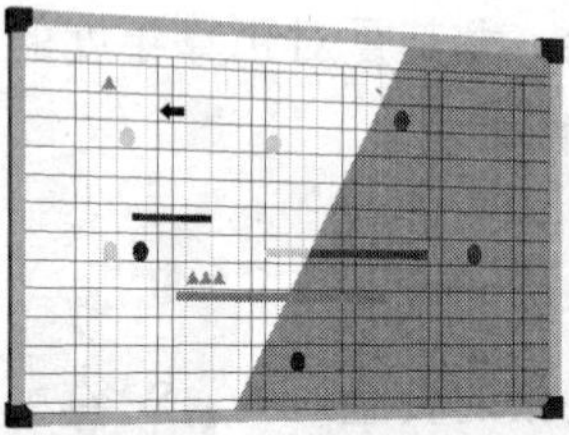

俗话说："知己知彼，百战不殆。"在企业模拟经营中，信息搜集就发挥着这样的重要作用。依据规则，在每年经营结束时，都会给企业一定的时间去调查分析竞争对手的情况。

如何在有限的时间里获取对手尽可能多的信息，便是信息总监的工作了。对搜集到的信息进行分析以了解对手的情况，再制定出针对对手的策略，避免一些不必要的失误，保证企业顺利发展。因此，信息总监不仅要尽量多地搜集对手信息，最重要的是要对搜集的信息进行有针对性的整理和筛选。

一、信息搜集

在企业模拟经营中，企业能够搜集到的其他企业的信息只能是手工盘面上的信息。因此，尽可能多地统计出对手盘面上的信息并分类归纳，是搜集信息的重要原则（见表5.6）。

表5.6　　信息搜集对象一览表

对象	具体内容
财务	现金、应收款、应付款、长贷、短贷、高利贷、利息、贴现、税金、其他费用
市场	市场开拓情况、广告费
生产	厂房的租用或买卖情况、生产线开发情况、产品研发情况、ISO开拓情况、产成品或半成品个数、转产费、维修费
运营	原材料订单、原材料库存

信息总监要做的便是将这些信息统计出来，最好能做成相应的表格，加快搜集信息的速度，提高信息的使用价值。

二、信息处理

信息搜集的目的是应用。在信息总监搜集完一大堆信息之后，企业应该非常清楚地知道，下一步需要知道对手的什么信息，怎样用这些信息来推测对手的经营情况，以便做出战略调整。

信息搜集并不难，难在信息总监对信息的筛选和整理，这就要求信息总监对企业经营的全部规则非常熟悉，有很强的提炼信息能力。分析单一信息远远不够，还必须对多种信息进行配合整理，即产品研发信息、市场开拓信息和生产力信息配合，等等。

筛选研发信息，分析市场格局。

大部分企业一般都会对三种产品和三个市场进行组合投资，这就需要信息总监果断过滤市场格局信息，确定哪些企业在竞争小的产品上进行了研发，以及它们在哪些市场上投入了高额广告费，以便 CMO 能够以最少的广告费换来相对最大量的销售订单。

例如，由于 Sapphire 的研发成本高、市场需求量小，有很多企业可能不会选择研发 Sapphire，因此，当有八家企业经营时，若只有两家企业研发 Sapphire，那么每个市场的 Sapphire 产品将由这两家企业提供，甚至可能形成垄断。

筛选核心产品信息，确定对手产能

关注竞争对手的核心产品，并了解其主要通过哪些生产线来生产。筛选出对手的产品与信息，准确推测其产能。例如，如果 Beryl 和 Crystal 前期单位利润较高，且研发周期短，可能会是许多企业前期经营的核心产品。经营至后期，这两种产品的单位利润和需求量都会下降，对手会转为以 Ruby 和 Sapphire 为核心产品。因此，在搜集信息时，要分析出特定时期内竞争对手主要经营的核心产品。

小技巧

- 明确公司发展的总方向，以此为依据有效率地筛选信息。
- 在搜集信息的过程中，企业组员需要全体配合。
- 在平时的模拟中就应积累总结利用信息的经验。例如：通过市场开发、产品开发和现金情况判断对手广告费的投放情况；通过现金和贷款分析对手下一年的现金流量情况，进而分析出很多涉及现金的信息，等等。

总的来说，信息分析是建立在熟练掌握整个公司运作规则的基础之上的，清楚企业需要什么信息，再推导出要得到这种信息所需的具体信息，就能有效地提高信息分析效率。

至此，财务总监和信息总监的工作已结束，企业可以根据各个角色的特点，进行讨论与交流，得出您和您的团队在运营过程中的优势与劣势，总结提炼，为以后的模拟经营奠定基础。

后 记

教育部部长周济指出，实验教学对下一步高等教育的发展具有很重要的意义和作用。他要求各个高校要在准确定位的前提下，从教学、科研的角度加强实验室的建设和发展，组织学生认真参加实验教学，充分发挥高校实验室在人才培养过程中的独特作用。

本人自担任西南财经大学“企业模拟经营实战”课程的指导老师以来，和学生们一起进行沙盘的对抗、推演、测算，带领他们参加全国高校大学生沙盘对抗大赛，有许多心得。同时，将三年的教学经验以及学生们学习此门课程的情况和建议集中于此书中，希望为沙盘讲师们提供讲稿资料，为同学们的自我学习和团队讨论提供参考。

参加沙盘对抗全国比赛的第一届学生已经离开学校，并以优异的成绩踏上了工作岗位。非常感谢他们在校的时候同我一起成立了学校的 ERP 沙盘社团（俱乐部），他们担任了实验讲师的职责，将其实战经验无私奉献给全校的学生。从简单的对企业经营的认知，到社团管理、组织全校培训、参加科研比赛和创业大赛，ERP 沙盘俱乐部与校队的同学们为学校实践教学体系的建设作出了贡献。虽然和他们在一起的日子是辛苦的，但收获是甜蜜的。

在此要感谢西南财经大学会计学院、教务处经济管理实验教学中心和校团委对企业模拟经营活动及课程的大力支持。

在此我将自己在沙盘教学中和对学生社团指导的经验与各位实验教师分享，欢迎交流。同时，也欢迎各位读者登录西南财经大学 ERP 沙盘俱乐部网站（http：//iweb. swufe. edu. cn/myerp/），与沙盘爱好者共同探讨、共同进步。

邹　燕

2008 年 6 月于光华园

图书在版编目(CIP)数据

企业模拟经营实战演练教程/傅仕伟,邹燕主编．—成都:西南财经大学出版社,2009.8(2010.10重印)
ISBN 978-7-81138-488-8

Ⅰ.企… Ⅱ.①傅…②邹… Ⅲ.企业管理—教材 Ⅳ.F270

中国版本图书馆CIP数据核字(2009)第137098号

企业模拟经营实战演练教程

主　编:傅仕伟　邹燕
副主编:刘海燕　张冬　李丽

责任编辑:杨琳
封面设计:大涛传媒
责任印制:封俊川

出版发行	西南财经大学出版社(四川省成都市光华村街55号)
网　址	http://www.bookcj.com
电子邮件	bookcj@foxmail.com
邮政编码	610074
电　话	028-87353785　87352368
印　刷	郫县犀浦印刷厂
成品尺寸	148mm×210mm
印　张	3.625
字　数	90千字
版　次	2009年8月第1版
印　次	2010年10月第2次印刷
印　数	2001—4000册
书　号	ISBN 978-7-81138-488-8
定　价	15.80元